DESPEGA
HACIA EL ÉXITO

Estrategias para asegurar tu empleabilidad
dominando la teoría del *Star System*

Despega Hacia El Éxito

© 2024 Mayra Patricia Toledo Valverde

Primera edición 2024

ISBN: 979-833-33129-3-8

Créditos de la publicación:

Dirección de arte, Diseño editorial y Corrección ortotipográfica*:*
Konstantina Gavala - Branding for Writers
Corrección de estilo*: Daniela Sardi Blanco*
Fotografía de portada*: Ales Munt*
Fotografía de retrato de la autora: *Roberto Toledo Valverde*

Ninguna parte de esta publicación, incluido el diseño de cubierta, puede ser reproducida, almacenada o transmitida de manera alguna ni por ningún medio, ya sea electrónico, químico, mecánico, óptico, de grabación, en Internet o de fotocopia, sin permiso previo del editor o del autor.

Cualquier forma de reproducción, distribución, comunicación pública o transformación de esta obra solo puede ser realizada con la autorización de sus titulares, salvo excepción prevista por la ley.

Diríjase a **mtoledo@bth.mx** si necesita fotocopiar o escanear algún fragmento de esta obra».

"fazer do limão uma limonada"

A ti lector, te dedico esta frase, para que este libro te acompañe a convertir las situaciones adversas en grandes oportunidades.

Índice

Prólogo 7

Capítulo 1
Buscando empleo con la teoría del *Star System* 15

Capítulo 2
Aprendiendo a identificar tus talentos 21

Capítulo 3
El orden como parte de la felicidad en el trabajo 35

Capítulo 4
Conéctate con tu propósito laboral y tu propósito personal 41

Capítulo 5
El sentimiento de quien no tiene un empleo 53

Capítulo 6
Desarrolla tu marca personal: CV con parámetros de IA, LinkedIn, *networking* 63

Capítulo 7
El poder de la visibilidad laboral 87

Capítulo 8
Conviértete en el aspirante que nadie olvida 99

Capítulo 9
Prepárate para tu entrevista laboral: la magia del *storytelling* 105

Capítulo 10
El nuevo rol de los profesionales en el mundo laboral dominado por la IA 117

Capítulo 11
Mi primer día de trabajo 127

Capítulo 12
Autoempléate   131

Agradecimientos   137

Bibliografía   139

Notas   141

Prólogo

Me llamo Mayra Toledo, soy mexicana, vivo en Brasil y tengo formación en Pedagogía y Recursos Humanos. Además, soy la afortunada mamá de Armando y Alayssa. Una de las cosas que más disfruto es descubrir y conectar con personas talentosas, por eso me identifico como experta en reconocer el valor de las personas. Permíteme contarte por qué.

Soy apasionada por el talento en diversas áreas: desde el deporte hasta la gastronomía, la actuación y las historias, y creo firmemente que una de las mejores maneras de descubrir el talento es a través del arte y el deporte, donde es fácil identificar destrezas desde una edad temprana, ya sea en un deportista, un bailarín o un niño con habilidades musicales. Disfruto especialmente leer biografías de personas extraordinarias, pues casi todas tienen vidas fascinantes, así como de practicar tenis y ver a mi hijo desarrollarse en este deporte de manera profesional, lo cual me ha servido para descubrir los desafíos y las ventajas competitivas de los deportes a nivel profesional.

Uno de los momentos más gratificantes para mí es cuando me recomiendan restaurantes, libros, películas, podcasts, museos u hoteles que tienen algo único que los distingue. Me encanta indagar sobre el motivo de esas recomendaciones, preguntando detalles y buscando información adicional. Luego, me gusta conocer personalmente esos lugares para entender por qué son tan especiales. Este proceso de investigación y descubrimiento es uno de mis mayores placeres.

Además, me encanta compartir estas experiencias y recomendarlas a otros. Es por eso que muchos de los lugares y elementos que encuentro interesantes, los incluiré en este libro. También disfruto hablar sobre talento y, ¿por qué no?, invitar a personas a mi pódcast *Talenteando* para descubrir cómo reconocieron sus propios talentos.

No puedo dejar de mencionar mi admiración por las mujeres emprendedoras y empresarias que han dejado huella en sus respectivos campos. Busco conocer sus historias y seguir sus pasos.

Gracias a mi trabajo como headhunter en mi propia empresa, Connecta Partners, que fundé hace diez años, he desarrollado un agudo sentido para reconocer el talento. A través de las entrevistas con aspirantes que he contratado para diversas organizaciones clientes, siempre busco entender qué los hace únicos y qué características los destacan durante los procesos de selección.

Decidí escribir este libro para compartir principios fundamentales que descubrí durante mi trayectoria profesional y para enseñarte cómo destacarte en la búsqueda de empleo, convirtiéndote en el candidato que los reclutadores no olvidarán en una era dominada por la inteligencia artificial, la cual ha traído nuevos desafíos al mundo de la empleabilidad.

Mi historia icónica

Quiero compartir contigo una reflexión que surgió de mi propia experiencia: «nadie me enseñó cómo buscar empleo». En una época donde la educación profesional no ofrecía orientación específica para enfrentar el mercado laboral, mi trayectoria pudo haber sido diferente con solo un poco más de instrucción. Con más de 20 años desde mi graduación, el tema de pedir o buscar trabajo se ha vuelto aún más complejo y desafiante, especialmente en la era actual de la inteligencia artificial.

Comenzar la búsqueda de empleo por primera vez o reiniciarla después de un periodo de inactividad representa un nuevo desafío. Hay retos emocionales y personales que enfrentar, como el miedo al rechazo y la competencia feroz por las mismas oportunidades. Aspectos como la edad, la experiencia, la ubicación geográfica y las demandas personales (como ser madre o padre) agregan capas adicionales a esta experiencia.

En el contexto actual, las redes sociales han transformado la forma en que las personas buscan empleo, a menudo exponiendo más su estado emocional que su trayectoria profesional. Los reclutadores, por su parte, se encuentran en constante búsqueda de talento, pero la llegada de la inteligencia artificial ha revolucionado el campo de los Recursos Humanos. Desde el uso de Chat GPT para el desarrollo de CV hasta herramientas avanzadas de entrevistas en línea y procesamiento de datos, la tecnología ha transformado radicalmente los procesos de reclutamiento.

Las empresas se enfrentan a nuevos desafíos en la contratación debido a la brecha entre las expectativas de los candidatos y las habilidades reales que poseen. Según estudios recientes, el tiempo promedio para llenar una vacante ha aumentado significativamente en los últimos años, llegando a 23 días hábiles o más. Además, estamos en medio de la mayor crisis de talento en 16 años, lo que significa que tres de cada cuatro reclutadores luchan con la escasez de habilidades adecuadas para cubrir sus posiciones. Cabe mencionar que en el ámbito de reclutamiento existen posiciones o ciertas industrias que son más difíciles o demoran más tiempo en contratarse, pero digamos que el promedio de encontrar una vacante en una organización demora entre 23 a 30 días.

En este cambiante entorno laboral, es crucial para quienes buscan empleo entender la situación actual y adaptarse a estas nuevas realidades. Esto se convierte en una señal de alerta para los aspirantes a empleo, quienes deben estar al tanto de estos desafíos en constante evolución.

¿Sabías que, de acuerdo con una encuesta de Bryant & Stratton College Online y Wakefield Research, el 80% de los candidatos de entre 18 y 34 años piensan que están listos para emplearse y que poseen todas las habilidades, la experiencia y la formación necesarias para avanzar en la trayectoria profesional que desean o para conseguir su próximo empleo? Sin embargo, el 40% de los empleadores indicaron que la mayoría de los aspirantes a un empleo para principiantes no cuentan con las habilidades básicas necesarias para ocupar las vacantes. Por otro lado, los reclutadores se demoran más que nunca en cubrir sus vacantes.

Estamos viviendo la mayor crisis de talento desde hace 16 años. Esto quiere decir que tres de cada cuatro reclutadores están sufriendo de escasez de talento para cubrir sus posiciones, siendo las empresas grandes y medianas las más afectadas. Estos datos son un ejemplo de la realidad actual en el ámbito de la empleabilidad, pues también es un ámbito muy cambiante. Nos movemos y nos afecta la entrada de la IA, la economía, las crisis mundiales, así que antes que nada hay que saber dónde estamos parados. Esto se lo digo a todos nuestros aspirantes a la búsqueda de empleo, es la primera «Red Flag».

Este libro busca proporcionar una guía práctica y relevante para enfrentar estos desafíos. A través de estrategias probadas y reflexiones fundamentadas en la experiencia, te invito a descubrir cómo triunfar en la búsqueda de empleo en la era actual, donde la IA juega un papel crucial en el proceso de empleabilidad.

Mi aprendizaje sobre cómo pedir trabajo comenzó observando a mi padre en casa, como sucede con la mayoría de las lecciones que absorbemos en la vida. Este ejemplo es fundamental, especialmente para aquellos que son padres de familia. Los niños aprenden principalmente a través del ejemplo que ven en sus padres; cada acción y comportamiento modelado se convierte en su primera fuente de aprendizaje.

Recuerdo escuchar a mi padre buscar trabajo en múltiples ocasiones. Trabajaba en una dependencia gubernamental, y sabía que con cada cambio de gobierno se enfrentaría a la necesidad de encontrar un nuevo empleo. Así que se preparaba meticulosamente para iniciar su proceso de networking, que podía extenderse de tres a seis meses. Durante este tiempo, realizaba llamadas estratégicas utilizando frases que definían su estilo personal y que, sin duda, le resultaron efectivas para asegurar los trabajos que deseaba.

Quiero enfatizar que pedir trabajo no es una tarea ni fácil ni difícil; es una parte esencial de la experiencia humana. Abraham Maslow, el renombrado psicólogo humanista, desarrolló su teoría de la «Pirámide de Maslow» en 1943, también conocida como la «jerarquía de las necesidades humanas». Maslow postuló que a medida que se satisfacen las necesidades más básicas (en la base de la pirámide), los seres humanos desarrollan necesidades y aspiraciones más elevadas (en la parte superior de la pirámide).

Prólogo

```
                            moralidad,
                            creatividad,
                            espontaneidad,
                            falta de prejuicios,
                            aceptación de hechos,
AUTORREALIZACIÓN            resolución de problemas

                            autorreconocimiento,
RECONOCIMIENTO              confianza, respeto, éxito

AFILIACIÓN                  amistad, afecto, intimidad sexual

                            seguridad física, de empleo, de recursos,
SEGURIDAD                   moral, familiar, de salud, de propiedad privada

FISIOLOGÍA                  respiración, alimentación, descanso, sexo, homeostasis
```

La teoría de las necesidades de Maslow, representada comúnmente como una pirámide de cinco niveles, se clasifica en dos categorías principales: las «necesidades de déficit» (fundamentales) comprenden los cuatro primeros niveles, mientras que el nivel superior se conoce como «autorrealización», «motivación de crecimiento» o «necesidad de ser». Maslow destacó que las necesidades de déficit pueden ser satisfechas, mientras que la necesidad de ser es una fuerza motivadora continua.

La premisa fundamental de esta pirámide es que las necesidades superiores solo captan nuestra atención una vez que se han cumplido las necesidades inferiores. Las fuerzas de crecimiento impulsan el progreso hacia arriba en la jerarquía, mientras que las fuerzas regresivas empujan las necesidades prepotentes hacia abajo en la jerarquía.

A continuación se detallan los niveles según la pirámide de Maslow:

1. **Necesidades básicas:**
   - Necesidades fisiológicas esenciales para mantener la homeostasis.
   - Incluyen respirar, beber agua, alimentarse, mantener el equilibrio del pH y la temperatura corporal, dormir, descansar y evitar el dolor.

2. **Necesidades de seguridad y protección:**
   - Surgen cuando se satisfacen las necesidades fisiológicas.
   - Incluyen seguridad física, seguridad laboral y de ingresos, y seguridad moral.

3. **Necesidades de afiliación y afecto:**
   - Relacionadas con el desarrollo afectivo.
   - Implican asociación, participación y aceptación en relaciones sociales.

4. **Necesidades de estima:**
   - Maslow distingue entre estima alta (autorrespeto, competencia, logros) y baja (reconocimiento, reputación, estatus).
   - Satisfacer estas necesidades es fundamental para el sentido de valía personal y el desarrollo profesional.

5. **Necesidad de autorrealización o autoactualización:**
   - Es la necesidad psicológica más elevada.
   - Se alcanza cuando todos los niveles anteriores han sido satisfechos.

Es esencial notar que la búsqueda de empleo se ubica después de cubrir las necesidades básicas de la pirámide. Al alcanzar el nivel de seguridad y protección (nivel 2), se abren las puertas para aspirar a niveles superiores, como la autorrealización. La pérdida de empleo puede afectar negativamente estos niveles superiores, destacando la importancia de abordar la búsqueda de empleo desde una perspectiva psicológica.

La instrucción formal sobre cómo buscar empleo debería ser parte integral de la educación universitaria. Este libro nace de esta necesidad de instrucción y metodología para proyectar el trabajo ideal y reducir el tiempo de búsqueda. Al enseñar cómo pedir empleo, se fomenta el desarrollo de nuevos hábitos y se impulsa el descubrimiento del propósito laboral alineado con la actividad profesional.

A lo largo de este libro, compartiré testimonios que respaldan esta premisa. Acompañando a personas en su búsqueda de empleo, he sido testigo de cómo no solo consiguen trabajo, sino que disfrutan el proceso y generan nuevos hábitos. En resumen, «descubrir y alinear tu propósito laboral con tu actividad profesional es la clave del verdadero éxito».

Mi propósito

¡Quiero inspirar a otras personas a que su búsqueda de empleo sea una experiencia memorable, y no sufran en el intento! Pero a la vez quiero que sepan que este libro es una guía para lograr el éxito en la búsqueda del trabajo que los hará felices, siguiendo paso a paso un sistema para buscar empleo en una era dominada por la IA. Este sistema, que se denomina la Teoría del Star System, fue utilizado en la época dorada de Hollywood para seleccionar y contratar actores en exclusividad y a largo plazo, asegurando así el éxito de sus películas.

Después de casi veinte años de experiencia como Headhunter, quiero compartir que he tenido varios aspirantes que nunca olvidaré, cuyos talentos y forma de presentarse en una entrevista laboral me hicieron recordarlos. No solo eso, me llevaron a buscarles un lugar en la organización, muchas veces no para la posición para la que estaban concursando, sino para alguna otra en la que les veía todo el potencial (más adelante te cuento cómo se llama este proceso). Yo lo veía así: ¿cómo voy a dejar ir a este diamante? Aunque me refería a ellos como «supertalentos», no lo podemos dejar ir». Además, a lo largo de mi proceso de actualización y conocimiento cada día más del reto de la empleabilidad en una era dominada por la IA, puedo decir que el futuro nos alcanzó. Tanto para los empresarios como para los colaboradores, hoy el tema de la empleabilidad es un gran desafío. Con esto quiero decir que SI requieres de una guía, de una inversión para tu búsqueda de empleo por todo lo que ya mencioné. Así que la fórmula que verás aquí es una guía paso a paso para encontrar tu próximo trabajo y, seguramente, tu desarrollo personal y profesional, que juntos y con un propósito te llevarán a un trabajo feliz.

Capítulo 1
Buscando empleo con la teoría del *Star System*

> *Aprende como si fueras a vivir toda la vida, y vive como si fueras a morir mañana.*
>
> **Charles Chaplin**

¿Qué es la teoría del *Star System*?

Hace poco, escuché en un pódcast a un productor de cine hablar sobre un método para seleccionar a actores exitosos en las películas: el *Star System*. Intrigada, investigué más sobre este sistema que tuvo su auge en los años 20. El *Star System*, traducido como «Sistema de Estrellas», consistía en la construcción de una imagen idealizada de actores y actrices mediante contratos exclusivos, explotando al máximo su popularidad para maximizar la rentabilidad de las películas.

El éxito de una producción cinematográfica dependía en gran medida de la popularidad de los actores y actrices involucrados, lo que dio origen a una nueva industria conocida como el «Star System». Este sistema surgió entre 1910 y 1920 en Estados Unidos, consolidándose en Hollywood como un conjunto de actores y actrices famosos por las películas que protagonizaban y el estilo de vida glamoroso que proyectaban.

Durante esta época, los estudios de Hollywood comenzaron a manejar presupuestos más elevados y sus magnates pronto se dieron cuenta de que las estrellas reconocidas ayudaban a atraer al gran público y a alcanzar el éxito en las producciones. Gracias a estas estrellas, los productores minimizaban riesgos y obtenían grandes ganancias con sus películas.

Como consecuencia, los grandes estudios cinematográficos no tardaron en diseñar un sistema que se encargaría de exprimir al máximo a aquellas estrellas de la época: Greta Garbo, Mary Pickford, Douglas Fairbanks y Charles Chaplin. ¿Y qué tiene que ver el Star System con nuestros procesos de reclutamiento? Mucho. En las grandes organizaciones que buscan posiciones de gran importancia, a menudo se replica un poco este modelo del *Star System*. En ocasiones, recurren a las grandes firmas de *headhunters* para iniciar sus procesos, firman contratos para garantizar el éxito de estas contrataciones, ofrecen procesos de garantía de hasta un año y medio y presentan salarios competitivos con grandes beneficios para estos nuevos colaboradores. Las empresas se esfuerzan por convertirlos en súper *Big Talents*.

Si las empresas pudieran realizar un casting para atraer y seleccionar a sus talentos y futuras estrellas del cine (futuros *Big Talents*), al igual que se hacía en los años dorados de Hollywood, podríamos ser reconocidos por nuestro talento y contribuir significativamente al éxito de la organización que nos contrate, siguiendo el ejemplo de las grandes compañías cinematográficas. Charles Chaplin y otras superestrellas surgieron gracias al Star System, donde los directores descubrían promesas entre miles de aspirantes que se presentaban a los *castings*. En este sistema, los directores identificaban actores con talento diferenciador, empatía y carisma, seleccionándolos para un proceso que los convertía con el tiempo en estrellas del cine, asegurando así el éxito de las películas en las que participaban.

Prepárate para tu proceso de empleabilidad a través del modelo de *Star System*

Para comprender mejor este sistema, quiero compartir contigo que el *Star System* es el método utilizado para crear grandes estrellas del cine. Durante los años dorados de Hollywood, este sistema implicaba identificar el talento, promoverlo y potenciarlo. Era evidente entre todos los que acudían a los castings quiénes serían las próximas promesas del *Star System*. Los productores tenían la habilidad y la experiencia necesarias para seleccionar minuciosamente a las futuras estrellas del cine entre los demás actores que se presentaban. Este sistema se enfocaba en descubrir actores con talento, carisma y la capacidad de convertirse en personajes admirados por el público, convirtiéndolos en ídolos. El *Star System* hollywoodense tenía como objetivo maximizar y explotar al máximo la imagen de estos talentos hasta entonces desconocidos, como el inolvidable Charles Chaplin o Marilyn Monroe.

Lo interesante es que este modelo sigue utilizándose en la actualidad, con más elementos para garantizar el éxito de las próximas estrellas tanto del cine como de la música. Lo que quiero destacar del *Star System* es que aprendas a identificar tus propios talentos y desarrollarlos para destacar durante tu proceso de entrevista, de modo que el entrevistador perciba tus habilidades y te recuerde como un candidato destacado en el proceso de selección. ¿Tiene sentido? Debes aprovechar diferentes momentos para ser reconocido y no olvidado en cada etapa del proceso.

Similitudes entre el *Star System* y el proceso de reclutamiento

Colaborador tradicional	Colaborador centrado en su marca personal
Piensa en: • La libertad profesional. • Trabajar para él. • Confiar en él.	Piensa en: • La seguridad laboral. • Trabajar para el jefe. • Confiar en la empresa. • Buscar un trabajo.
Escribe: • Un plan de marketing. • Planes a largo plazo (años). • Como salir del mercado. • Soluciones a problemas.	Escribe: • Un *curriculum vitae*. • Planes a corto plazo.
Tiene valores y competencias.	Tiene habilidades y competencias.
Su objetivo es diferenciarse.	Su objetivo es encajar.
Se basa en la estrategia.	Se basa en la perseverancia.
Construye relaciones.	Realiza transacciones.

Entender lo que buscaban en los futuros actores que seleccionaban nos lleva a reflexionar sobre cómo podemos aplicar esto en las organizaciones durante los procesos de reclutamiento. Encuentro grandes similitudes entre el proceso de reclutamiento para posiciones clave en una empresa y el proceso de selección de actores para el cine. Las organizaciones están ansiosas por encontrar el talento que catapultará su éxito.

Recientemente, escuché en uno de mis podcasts favoritos sobre las startups más destacadas de Latinoamérica, incluida KAVAK. Esta empresa, fundada por Carlos García, un CEO venezolano que anteriormente trabajó en McKinsey & Company, se ha convertido en un unicornio de compra y venta de autos seminuevos, cotizando cerca de los 9000 millones de dólares.

Una pregunta clave surgió: ¿Qué es más valioso en KAVAK? ¿El fundador Carlos y su equipo, o la organización en sí? Lo mismo ocurre con empresas como Cornershop: ¿Qué es más importante, la empresa o su creador, Daniel Undurraga, junto con su equipo?

Hemos visto esto con la era de Steve Jobs. Desde que dejó Apple, la empresa ha enfrentado desafíos para innovar con nuevos *gadgets* como Mac o iPhone. Si bien el equipo actual sigue desarrollando tecnologías, es probable que con Steve Jobs aún en la empresa, estaríamos viendo la presentación de otros objetos innovadores como los que él creó y revolucionó.

Así que, si queremos ser descubiertos y valorados con el método del *Star System*, podemos asegurar el éxito de las organizaciones que nos contraten.

Imagina la cantidad de personas que todos los días se postulan para encontrar un trabajo, muchas de ellas compitiendo por la misma posición que tú. Todos desean convertirse en el próximo empleado destacado en una organización, pero ¿qué tal si fueras descubierto como la próxima estrella de esa empresa? ¿Y si invirtieran en ti para desarrollar aún más tus habilidades, transformando tu trayectoria profesional y tu vida en un gran éxito? En este libro, te guiaré paso a paso para convertirte en el tipo de talento que los reclutadores no podrán olvidar, de la misma manera en que los productores de Hollywood descubrían entre tantos actores a aquellos destinados a convertirse en estrellas. Si aún no reconoces tus talentos, te acompañaré para que los identifiques y comiences a potenciarlos, disfrutando del proceso en lugar de sufrir en el intento.

Te invito a que te tomes un momento para explorar algunas de las películas de oro de Hollywood, especialmente aquellas protagonizadas por Charles Chaplin, y comiences a identificar qué hace especiales a estos actores. Los productores tenían un radar especial para encontrar talentos y hacer todo lo necesario para convertirlos en estrellas inmortales. Es un acto lleno de energía descubrir el talento que llevará al éxito la próxima película y convertirá a esa persona en una estrella de renombre.

Capítulo 2
Aprendiendo a identificar tus talentos

La innovación distingue a los líderesde los seguidores.

Steve Jobs

En el capítulo anterior, mencioné a Steve Jobs. ¿Te imaginas si aún estuviera vivo? Murió en octubre de 2011, hace más de 13 años. Ahora, te invito a hacer un breve ejercicio. Si tienes la oportunidad de leer alguna de las biografías sobre Jobs o ver la película que retrata su vida, presta atención y toma nota de los talentos y habilidades que identifiques en él.

Es muy fácil reconocer cuáles eran sus principales talentos y cómo se destacaba entre los demás. Cuando pienso en Jobs, me surge un pensamiento: si él aún estuviera al mando de Apple, probablemente ya habríamos presenciado una nueva innovación, un nuevo producto. Aunque no puedo prever qué sería, desde su partida no hemos visto un lanzamiento tan innovador como su famosa Mac o iPhone.

Si eres seguidor de Steve Jobs, sabrás que uno de sus mayores talentos era la innovación. Con su experiencia liderando Apple, potenció diversos aspectos de su capacidad. Algunos de los talentos que yo observo en él incluyen ser perfeccionista, tener un liderazgo visionario, ser exigente, tener una visión amplia y simplificadora, ser detallista y un comunicador eficaz. Ahora, ¿qué talentos de Steve Jobs identificas tú? Ahora te pregunto: ¿reconoces tus talentos? ¿Sabes cuáles son tus habilidades?

Pilar Jericó, una de las representantes más destacadas en Gestión de Talento, nos ofrece una perspectiva valiosa sobre la definición de talento. En los últimos años, este término se ha convertido en uno de los más citados en la literatura de divulgación (por ejemplo, se hizo referencia al talento más de 1.500 veces en la revista Fortune de 2000 a 2003). Sin embargo, apenas ha sido objeto de análisis en trabajos científicos académicos.

Por esta razón, además de revisar en la literatura de Dirección de Empresas, hemos decidido explorar el concepto de talento desde la Psicología, la disciplina que más ha investigado este tema en las últimas décadas. Según Jericó, el talento se define como un proceso dinámico hacia el éxito o como un proceso dinámico basado en el aprendizaje para comprender el saber hacer del individuo, que se construye a partir de conocimientos y competencias emocionales. Está intrínsecamente relacionado con la acción humana y el compromiso con el éxito.

Martha Alles, una destacada representante internacional en Gestión del Talento a través de competencias en Recursos Humanos, plantea en su libro *Desarrollo de talento basado en competencias* que el talento comprende el conjunto de dotes intelectuales de una persona. Estos dotes intelectuales, en términos de Gestión de Recursos Humanos, se transforman en la suma de competencias y conocimientos. El verdadero talento para un puesto de trabajo se manifiesta en la conjunción de este talento y competencia específicos para la posición.

Las competencias, según Alles, son características de personalidad que se manifiestan en comportamientos que generan un desempeño exitoso. Estas habilidades se adquieren a lo largo de la vida. Cuando converso sobre el tema del talento, que por cierto me apasiona, suelo comenzar compartiendo un ejemplo claro: observa a niños pequeños de entre 4 y 5 años que entrenan en equipos de fútbol, es fácil detectar sus talentos con solo observarlos. Identificas quién tiene agilidad con la pelota, quién es rápido para pasarla a un compañero, o quién demuestra velocidad y fuerza al patear el balón. Este conjunto de dotes, como explica Alles, requiere constante entrenamiento para agilizar y mejorar estas habilidades relacionadas con el deporte que practican, desarrollando así sus competencias a lo largo de los años.

Identificar tus talentos no es fácil. Algunas personas no saben cómo ejemplificar sus competencias cuando se presentan a entrevistas. ¿Sabes cuáles son tus talentos? Es importante que tus habilidades estén alineadas con tus gustos. Si te gusta practicar tenis y además tienes habilidades para ello, estás en el camino correcto. Continúa con tu práctica deportiva para obtener mejores resultados. Si eres madre, te recomiendo fomentar desde temprano en tus hijos habilidades deportivas o artísticas. Cuanto antes empiecen, mejor desarrollarán sus habilidades, gustos y hábitos, lo que les dará más herramientas para competir en el mundo laboral durante su desarrollo profesional con más elementos.

Como menciona el autor Robin Sharma en su libro *El club de las 5 de la mañana*, cuando practicas diariamente, puedes convertirte en un Miguel Ángel, un Da Vinci, un Disney o un Pelé. Los grandes genios auténticos comenzaron siendo personas comunes, pero desarrollaron sus capacidades de manera tan profunda que se convirtieron en talentos inmortales en sus respectivas áreas. Nunca es tarde para identificar y desarrollar tus talentos.

¿Cómo descubro mis talentos?

Aunque parezca increíble, muchas personas desconocen sus propios talentos y lo que los hace diferentes de los demás. En una sociedad tan estimulante como la nuestra, es crucial identificar y potenciar esos talentos para destacar. Descubrir y desarrollar tus habilidades no solo es tu responsabilidad, sino también una inversión en ti mismo, sin importar tu edad o situación actual en una organización, ya sea propia o ajena.

Para comenzar este ejercicio de descubrimiento de talentos, te invito a no sentirte abrumado por la necesidad de identificarlos de inmediato. Este proceso puede llevar tiempo y requiere estar presente y consciente en el aquí y el ahora.

Ejercicio

En tu cuaderno de trabajo, vas a hacer una lista de todas las cosas que te gustan hacer. Empieza tu lista siguiendo esta frase: «A mí me gusta...».

- Escucha una canción que te inspire y, durante el tiempo que dura la canción, piensa y ve escribiendo tu lista de cosas que te gustan.
- Te pondré unos ejemplos: a mí me gusta preparar mi comida, me gusta leer, me gusta practicar tenis, me gusta conversar con mi equipo de trabajo, me gusta salir a caminar todos los días, me gusta participar en las juntas semanales del trabajo.
- El siguiente paso es preguntarle a la gente que te rodea: ¿para qué eres bueno? Si puedes, pregúntale a la gente con la que trabajas o con la que te relacionas mucho; pueden ser compañeros de trabajo o hasta tu propio jefe.
- Ahora subraya las cosas que mencionaste en las que eres sumamente bueno, y circula las que te gustan, pero en las que no eres tan bueno.
- Y ahí los tienes: tus talentos son las acciones que describiste donde eres bueno y las segundas son tus *skills* en las que puedes mejorar con un poco de práctica.
- Revisa tu lista e identifica cuáles competencias y talentos se relacionan con la actividad en la que te desempeñas actualmente.
- Verifica nuevamente si estos talentos están relacionados con lo que haces hoy o con lo que te gustaría comenzar a aprender o desempeñarte.

El ejercicio anterior lo denomino «auditoría laboral y personal» y requiere tiempo. En algunas personas, esta evaluación cambia con el tiempo a medida que evolucionan nuestros intereses personales. En ocasiones, tenemos la oportunidad de observar otras actividades dentro de las organizaciones en las que colaboramos y nos damos cuenta de que podríamos cambiar nuestras responsabilidades.

En mi caso, comencé mi carrera como pedagoga y me dediqué al ámbito educativo durante mis primeros ocho años profesionales. Sin embargo, llegó un momento en el que sentí que ya no había más por hacer en ese campo. No veía la posibilidad de alcanzar los ingresos que necesitaba ni sentía la motivación necesaria. De repente, las responsabilidades laborales ya no eran un desafío para mí.

Fue entonces cuando decidí capacitarme en el área de Recursos Humanos, por simple interés en explorar este campo. Inicié una serie de cursos y diplomados mientras realizaba algunas prácticas en mi trabajo. Mi interés creció aún más mientras desarrollaba un departamento de Recursos Humanos, buscando mejorar los procesos de reclutamiento.

Esta experiencia me llevó a darme cuenta de que, aunque tenía las competencias necesarias, mi interés no era suficiente para continuar. Por lo tanto, decidí realizar una preparación más específica y comencé una maestría en Gestión y Desarrollo del Talento. Posteriormente, di el salto a mi próximo empleo como Gerente de Recursos Humanos, ya con una maestría y varios años de experiencia en el área.

Durante mi práctica profesional entrevistando talentos, me di cuenta de que mi experiencia no era única; muchas personas atraviesan una transformación similar en sus carreras profesionales. Recientemente, en mi pódcast *Talenteando*, tuve la oportunidad de conversar con Jomery Rosario, una speaker internacional y embajadora de la felicidad. Una de las cosas que compartió fue que encontrar tu misión de vida debe estar relacionado con la combinación de tus talentos y tu experiencia profesional. Sin embargo, este proceso requiere tiempo y paciencia. No es algo que se descubra de la noche a la mañana; simplemente debemos estar atentos para identificar nuestros talentos y entender que nuestra misión puede cambiar a medida que evolucionamos en diferentes etapas de la vida.

La metodología para encontrar el trabajo de tus sueños

Durante mi experiencia como headhunter o especialista en reclutamiento, cada vez que me encuentro en un proceso de selección o recibo mensajes de personas buscando empleo a través de mi programa de búsqueda de empleo, reflexiono sobre qué pasaría si las personas que buscan empleo siguieran una metodología específica. ¿Podrían reducir el tiempo que tardan en encontrar empleo? ¿Se sentirían menos estresadas durante su búsqueda? ¿Disfrutarían más el proceso?

Quiero compartir un dato importante que sirve como base para esta metodología que hemos desarrollado para ayudar a nuestros clientes a encontrar su próximo trabajo. El primer paso es que comprendan dónde se encuentran actualmente, ya que la información es poder y permite planificar todos los aspectos relacionados con un empleo o un salario.

Según los últimos datos obtenidos en el segundo semestre de 2023 en México, de acuerdo con la fuente Indeed en 2022, el promedio de búsqueda de empleo toma entre cinco y seis meses. Estos datos varían según los sectores y los países; por ejemplo, los sectores de construcción y educación suelen tardar más en contratar. En contraste, sectores como la tecnología suelen ser más rápidos para buscar y seleccionar talento, con organizaciones que tardan en promedio 24 días en cubrir sus vacantes.

La metodología que propongo te ayudará a reducir el tiempo de búsqueda de empleo por debajo del promedio nacional. Nadie te enseñó cómo buscar empleo, pero con este método, experimentarás varios beneficios durante tu proceso y, lo más importante, disfrutarás viviendo tu proceso de búsqueda de empleo. El objetivo es que descubras nuevos talentos y oportunidades en el camino.

Así que vamos a comenzar a mostrarte los pasos para iniciar tu búsqueda de empleo.

1. Prepara tu burbuja de la creatividad

¿Sabías que uno de los procesos más difíciles al quedarse sin empleo es el proceso emocional? Los psicólogos lo identifican como una gran pérdida. Sin profundizar demasiado en este detalle, es cierto que experimentamos una pérdida cuando renunciamos o nos despiden. Una de las cosas físicas que perdemos es nuestro espacio de trabajo. Por eso, el método de búsqueda de empleo comienza con la creación de tu nuevo espacio laboral.

Si tenías un espacio designado en tu trabajo anterior, te invito a que lo reinventes. Los cambios ofrecen la posibilidad de crear cosas nuevas. Llamaremos a este nuevo espacio de trabajo el «espacio de la creatividad», inspirado en la metodología de *El club de las 5 de la mañana* de David Sharma. El objetivo es que elijas un lugar en tu casa donde trabajar, pero que lo decores o elijas con la intención de fomentar la creatividad. Aquí te sugiero tomar en cuenta lo siguiente:

- Que sea un espacio **libre de distractores**, como sonidos u olores. De preferencia, lejos de la cocina o del cuarto de tus hijos en caso de que los tengas, y que no esté cerca de la puerta donde sabes que si recibes una visita, te distraerá más de lo habitual.

- Que cuente con **excelente iluminación** y siguiendo las recomendaciones de la ergonomía. Busca que cuente con luz natural y que de noche la iluminación sea adecuada.

- **Ventilación**. Los espacios ventilados también favorecen la creatividad.

- **Selección de muebles adecuados**, como escritorio y silla que cuenten con las medidas ergonómicas deseables para tu estructura física, pues eso mejorará tu postura y te permitirá pasar el tiempo necesario sin distracciones por incomodidad.

- Decóralo con **objetos necesarios** para generar un ambiente de aprendizaje y creatividad. Es decir, quizá un pizarrón para tomar notas, libretas, lápices, plumas, marcadores, reloj, y quizá alguna planta o un aromatizante que ayude con la concentración.

- **Colores**. Busca colores que fomenten la creatividad y la atención.
- *Planners*. Son excelentes para iniciar proyectos, y ahora que estás con un nuevo proyecto que es encontrar tu próximo trabajo, te permitirán tener claras las fechas y tiempos para agendar tus actividades durante tu búsqueda de empleo. Te recomiendo los *planners* que se pegan o cuelgan en la pared, así que desde que inicies busca el mejor lugar para colocarlo.

2. Compra tus herramientas de trabajo

La metodología para encontrar el trabajo de tus sueños tiene varias herramientas que vas a utilizar durante tu proceso. La primera es el uso de una agenda.

Yo te recomiendo utilizar una agenda física que te permita tener claridad en las fechas desde que inicias hasta tu primer día de trabajo. Escógela a tu gusto, pero te pido que sea física, pues desde la elección de esta te mantendrá distraído en algo que genera creatividad. Las personas que están buscando trabajo se distraen mucho con el tiempo; desde que inician les genera tensión que el tiempo transcurra y no encuentren trabajo a los 30 días. Pero este método te hará descubrir tus talentos, capacitarte, y de pronto te darás cuenta de que has adquirido nuevos talentos. Qué mejor que tener las fechas claras y llevar un registro.

Por otro lado, los *planners* visuales nos ayudan a escribir y calendarizar eventos y otras actividades que son parte de tu día a día. Muchas veces, cuando eres padre de familia y estás en casa, tu familia no percibe que estás trabajando en la búsqueda de tu nuevo empleo. Un *planner* familiar te ayudará a que todos en casa sepan que puedes apoyar con algunas actividades durante tus tiempos libres que no son parte de tu plan de trabajo. Esto también sucede cuando las personas comienzan a hacer Home Office. Hay que dejar claro a todos los integrantes de la familia que trabajar en casa no es mezclar actividades del día a día con las horas laborales, a menos que seas muy bueno distribuyendo tus actividades, pero en principio suele ser parte de una adaptación.

Existen también herramientas como Trello, Calendly y Slack que te ayudan a organizar mejor un proyecto de trabajo. Puedes también apoyarte en ellas, pero las dos primeras son básicas.

3. Desarrollo de tu agenda de trabajo

Ya tienes tu burbuja de creatividad y todas tus herramientas de trabajo; ahora vamos a organizar tus días tal y como lo harías en tu trabajo. Normalmente, distribuirías tu tiempo en ocho horas de trabajo por cinco días a la semana. Aunque hay personas que pueden hacer semanas de 4 días, te recomiendo que logres hacer tu semana de 8x5 durante los siguientes 90 días. Vamos a seguir una distribución de tu carga de trabajo según este modelo:

- **Comienza tus mañanas laborales entre las 8 y 9 de la mañana**, pues esto te permitirá seguir los horarios en los que los *headhunters* y reclutadores trabajan. Si recibes una llamada, será durante estos horarios.

- **Momentos de mayor concentración**: dedica los primeros 120 minutos (de 9:00 a 11:00) a tus actividades que requieren más concentración, como temas de investigación.

- **Actividades de menor concentración**: coloca 60 minutos posteriores (11:00 a 12:00) para actividades que requieren menor concentración, como revisar tu correo, entrar a las bolsas de empleo, etc.

- **Descanso activo**: dedica 10 minutos para levantarte de tu asiento y hacer alguna actividad que requiera movimiento.

- **Nuevo período de concentración**: regresa a tus próximos 120 minutos (de 12:10 a 14:10) para un nuevo periodo de alta concentración.

- **Actividad de menor concentración**: sigue con un intervalo de 60 minutos (de 14:10 a 15:10) de menor concentración para terminar con el periodo de la mañana de trabajo.
- **Tiempo de comida**: dedica tu tiempo de comida tal como lo hacías en tu trabajo.
- **Retoma tus actividades después de un minuto y medio de descanso**.
- **Actividades de menor concentración**: comienza con actividades que no requieren mucha concentración, como investigar sobre tus procesos de actualización.

Recuerda que estás en un proceso de búsqueda de empleo donde lo principal es agendar tus entrevistas de trabajo, ya sea online o presencial. Puedes agendar tus entrevistas en cualquier periodo que te lo soliciten. Para esto, utilizarás tu agenda de trabajo, que te permitirá llevar un control de cuántas entrevistas realizas y saber cómo vas en cada proceso. Hay empresas que requieren de 3 o 4 entrevistas, así que puedes llevar un orden. Si estás en búsqueda de empleo en otro país, puedes modificar tu jornada laboral acorde a tus procesos según los diferentes horarios de cada país.

4. Ejercicio físico

Después de tu jornada laboral, es importante que programes otras actividades como ejercicio o meditación y las realices de manera continua sin interrupciones durante tu búsqueda de empleo. Si ya tienes una rutina de ejercicio, simplemente agéndala en tu planificador para mantener el enfoque en tu jornada laboral. Te recomiendo que organices tu actividad física temprano en el día, antes de comenzar tu jornada, tal vez a las 5 y 6 de la mañana. Esto te permitirá aprovechar mejor el día y optimizar tu tiempo. Ahora que no tienes que invertir tiempo en desplazamientos hacia el trabajo, puedes dedicarlo a tu práctica física.

¿Por qué es importante el ejercicio durante este periodo? En primer lugar, porque durante una sesión de ejercicio de 30 minutos, tu cuerpo libera serotonina. Durante la búsqueda de empleo, las personas experimentan mucho estrés y cambios emocionales, por lo que es esencial planificar y mantener esta rutina sin excusas. También he encontrado que es fascinante implementar nuevos hábitos durante los períodos de cambio. Te comparto que una de las personas que tomó el programa *Empléate* conmigo se preparó durante su búsqueda de empleo para correr sus primeros 21 kilómetros o medio maratón, así que, además de ser una actividad para liberarte del estrés, también puede generarte un hábito positivo.

5. Implementación de un nuevo hábito

Una de las cosas que más disfruto es escuchar podcasts, ya que es una forma de aprender mientras hago otras cosas como cocinar o manejar. Hoy escuché una frase que me impactó: «¡construye sistemas que generen hábitos! ¡El entrenamiento crea el hábito!».

Elige una actividad nueva que nunca hayas tenido tiempo de desarrollar, porque hoy es el mejor momento para empezar. Puede ser desde clases de cocina, aprender un nuevo idioma, practicar jardinería, unirte a un club de lectura o aprender a tocar un instrumento. Encuentra algo que te llame la atención y agrégalo a tu planificador.

Intenta que esta nueva actividad no requiera mucho presupuesto. Investiga opciones gratuitas o accesibles para no desequilibrar tu presupuesto mensual. Si ya tenías planeado destinar un presupuesto para esto, ¡comienza cuanto antes!

Como mencioné antes, el entrenamiento crea el hábito. Al añadirlo a tu planificador y presupuesto, te comprometes a practicar esta actividad regularmente. El objetivo es elegir algo que realmente te interese y te motive a aprender y crecer.

6. Momento de capacitarte

Durante los diferentes capítulos de este libro, he mencionado que hay prioridades que tendemos a posponer, pero algunas de ellas son esenciales en mi actividad profesional, especialmente ahora que la tecnología está avanzando rápidamente. En la actualidad, todas las profesiones deben seguir el ejemplo de los médicos, quienes deben certificarse regularmente porque lo que aprendieron durante su formación académica se vuelve obsoleto rápidamente. ¿Te imaginas el desafío que enfrentarán las universidades en los próximos años? No puedo concebir que la generación de mi hijo adolescente tenga que pasar cuatro años en la universidad. El desafío que enfrentan las universidades para mantenerse al día con los avances tecnológicos es enorme.

¿Cuáles son los desafíos en tu profesión? ¿Conoces a tu competencia? ¿Cuáles son las habilidades digitales que un profesional como tú en tu campo debe dominar? Quiero compartir contigo que en mi experiencia, muchos profesionales no saben realmente dónde se encuentran en términos de habilidades y conocimientos. Sin embargo, ahora no es momento de ignorarlo, es el momento de investigar, de mantenerse actualizado y de ser más competente para encontrar nuestro valor diferencial.

¿Cómo podemos lograrlo? A través de la capacitación y actualización en áreas que realmente agreguen valor como colaborador. Permíteme darte un ejemplo. Recientemente me entrevisté con una candidata que busca empleo como auditora, pero no cuenta con las certificaciones necesarias; solo tiene experiencia en su último empleo. Comenzamos su programa de desarrollo profesional identificando las certificaciones clave que necesita para postularse a los empleos que le interesan.

El siguiente paso es hacer una lista de estas certificaciones y priorizarlas, numerándolas del 1 al 5 según su importancia. Además, es importante investigar los costos y el tiempo necesario para obtener cada certificación. Este es el mejor momento para investigar y priorizar lo que necesitas. Prepara tu lista y asegúrate de integrar esta actividad en tu jornada laboral como un hábito. Quiero compartirte un dato: los tiempos en que las empresas priorizaban la capacitación han pasado. Ahora es el momento de que los colaboradores asignen un presupuesto mensual para invertir en su propia capacitación y mantenerse actualizados en un mundo tan cambiante. Esto es esencial para ser colaboradores competitivos que puedan llevar a las organizaciones a otro nivel.

7. Momentos de descanso

Los fines de semana son momentos ideales para descansar, tal como solías hacer cuando estabas empleado. Solo revisa si tienes alguna capacitación programada para los sábados y anótala en tu *planner*. Así podrás también organizar tu fin de semana. Sin embargo, te recomiendo que también realices ejercicio físico y que todas tus actividades de ocio y diversión estén planeadas para el fin de semana, ya sea viendo una serie de televisión, leyendo un libro, visitando a tu familia o realizando actividades en conjunto. Mantener este equilibrio contribuirá al orden en tu semana laboral.

Como viste en la pirámide de Maslow, una de las situaciones que puede desequilibrar al ser humano es la pérdida del empleo o no tener un trabajo que le brinde autonomía y seguridad personal y social. Por lo tanto, es indispensable que promuevas un sistema que te permita participar en eventos sociales, culturales o recreativos que te relajen y mantengan una rutina similar a la que tenías antes de perder tu empleo. Aunque cada individuo reacciona de manera diferente ante la pérdida del empleo, estudios demuestran el estrés que esto puede generar. Mantener una rutina y hacer ejercicio con regularidad contribuirá a equilibrar este nivel de estrés. Te invito a seguir cada uno de los pasos mencionados en esta metodología para la búsqueda de empleo. Es fundamental que sigas estos pasos diariamente para convertirlos en hábitos que formen parte de tu vida.

8. Momento para motivarte

Me gustaría que disfrutes tu búsqueda de empleo y que este proceso no se convierta en algo complicado o estresante. Por eso, he preparado una playlist para motivarte durante tu búsqueda. Puedes escucharla mientras haces ejercicio, realizas tu nueva actividad o trabajas en tu espacio creativo. La música y las imágenes tienen un impacto en nuestra memoria, por lo que he seleccionado canciones motivadoras cuyas letras te ayudarán a generar recuerdos positivos. Esta playlist será como un chocolate para tus endorfinas, ¡sin las calorías adicionales! La playlist se llama «¡Motívate para encontrar empleo!».

Aquí te comparto el link.

Capítulo 3
El orden como parte de la felicidad en el trabajo

> *Cuando organizas tu espacio por completo, transformas el escenario que te rodea, el cambio es tan profundo que sentirás que vives en un mundo totalmente distinto.*
>
> **Mary Kondo**

Seguramente has escuchado hablar de Marie Kondo y su método, ¿verdad? Quiero contarte un poco sobre ella porque su enfoque en el personal branding es realmente inspirador y útil para nuestra metodología de búsqueda de empleo. En nuestros cursos, nos apoyamos en su ejemplo para explicar el poder del branding personal y cómo potenciarlo. Marie Kondo se ha destacado por desarrollar un método para ordenar no solo las casas, sino también las empresas. Comenzó como consultora del orden en empresas, llevando la misma filosofía de organización que aplicaba en los hogares al ámbito laboral. El orden tiene un impacto significativo en la productividad y el bienestar en el trabajo, ya que pasamos la mayor parte del tiempo en ese entorno.

Una de las ideas clave que Marie Kondo plantea en su libro es la importancia de mantener un espacio de trabajo organizado. ¿Alguna vez has experimentado el estrés de perder documentos importantes o archivos en tu ordenador? El simple hecho de buscar algo que no encuentras puede ser frustrante y afectar la entrega de proyectos. Ahora que estás estableciendo tu espacio de trabajo, este es el momento perfecto para poner orden y mantenerlo.

Marie Kondo enfatiza que el proceso de organización debe ser realizado por la persona que se beneficiará de él. En nuestro caso, llamaremos a esto la «geografía del espacio de trabajo», donde solo deben estar las cosas necesarias siguiendo un orden específico.

El orden en tu espacio de trabajo

1. El escritorio: la mesa de trabajo

Identifica cuáles son los objetos indispensables de mantener en tu escritorio o mesa de trabajo. Lo ideal para promover el orden es colocar solo objetos que vas a necesitar en el día, como tu ordenador, la impresora (en caso de necesitarla), plumas, marcadores y lápices, borradores, todo esto en un estuche o recipiente que los mantenga visibles, tus *planners* y agendas, y una libreta de notas. A menudo, necesitamos apuntar algo y no tenemos una a mano. No recomiendo usar *post-its*, ya que pueden caerse y hacer que olvides una nota. Los *post-its* pueden ser útiles para recordatorios breves o mensajes importantes, pero asegúrate de no depender exclusivamente de ellos. Las lámparas también son útiles, especialmente para reuniones en línea, ya que mejoran la calidad de la imagen de tu cámara y facilitan la comunicación.

El tamaño del escritorio y su relación con la silla de trabajo deben ser adecuados para promover prácticas ergonómicas que cuiden de tu postura mientras trabajas.

2. La oficina o espacio de trabajo

- Tu pizarrón para anotar lo relacionado con la semana o los pendientes del mes.
- Una fotografía que te inspire, ya sea de la familia o tuya. Las personas rara vez colocan fotos de sí mismas, pero es una excelente manera de motivarse.
- Un aromatizante para armonizar el ambiente.
- Una planta que también pueda generar energía positiva.

3. Muebles y libros

En los espacios de trabajo, ya sea en tu burbuja de la creatividad o en tu nueva oficina, hay elementos que siempre están presentes, como los archiveros donde colocarás los documentos o papeles de trabajo. Ponlos en orden y retira los documentos que ya no sean necesarios. A menudo, acumulamos papeles durante años, y es importante revisarlos y desechar lo que ya no necesitemos. Respecto a los libros, estos pueden tener un valor sentimental o de utilidad. Es momento de revisar cuáles son necesarios y cuáles puedes donar, para evitar tener pilas de libros acumulados.

4. Documentos online

Esta es la parte más difícil, ya que solemos acumular muchos documentos importantes en nuestras computadoras que ocupan espacio en la memoria. Además, almacenar documentos implica una inversión de dinero, ya que los dispositivos necesitan espacio de almacenamiento adicional. Tómate un tiempo para deshacerte de los documentos que no son esenciales y organiza los que sí lo son para tener todo lo necesario bien documentado.

Agrupa la información en carpetas de modo que siempre sepas dónde encontrar y dónde colocar tus documentos, facilitando su acceso y evitando la confusión. Una recomendación es hacer limpieza de archivos en tu ordenador cada seis meses para mantenerlo ordenado y eficiente.

5. Ordena los correos electrónicos

Seguramente has notado que cada vez menos personas utilizan el correo electrónico, ya que algunas aplicaciones han ido sustituyendo su uso. Sin embargo, si eres de mi generación, probablemente aún lo utilices con frecuencia y le dediques tiempo a revisarlo. Algunos correos también pueden ocupar mucho espacio, por lo que vale la pena no borrarlos. Utiliza algún método para agruparlos en carpetas y mantenerlos al día. Intenta mantenerlos ordenados y limpia tu bandeja de entrada si no puedes hacerlo diariamente. Especifica un día para hacerlo durante la semana. Si conviertes esto en una práctica semanal, verás que se convierte en un hábito y te mantendrás al día, lo que te permitirá ser más productivo en tu trabajo al no perder tiempo buscando información.

6. Cierre del día

Lo más importante para mantener el orden en tu oficina es dedicarle 10 minutos al final de tu jornada laboral para cerrar y guardar todo en tu escritorio. De esta manera, al día siguiente te inspirará ver tu mesa perfectamente ordenada y lista para empezar. Si lo haces al revés y dejas todo desordenado, ver un espacio desordenado por la mañana puede bloquear tu mente y quizás te cueste activarte. Trata de tener siempre a mano tu planificador para recordar cómo empezar tu día siguiente. Parte del orden es planificar cómo terminar el día y cómo empezar el siguiente. Si tienes una reunión temprano, ya estarás preparado con el material que necesitas y la ropa adecuada, independientemente de si la reunión es en línea o no.

Darte un tiempo para revisar tu planificador o agenda antes de terminar el día como parte de una práctica diaria te permitirá tener siempre presente tus actividades. Tómate el tiempo para pensar en alguna reunión importante, repasar información o identificar si tienes horas libres o alguna actividad que puedas resolver en los tiempos en los que no tienes actividades agendadas. Una persona que planifica sus días siempre será más productiva.

7. Media hora sin actividades

¡Sí! Necesitas reservar un espacio en tu agenda para no hacer nada. Según estudios, las personas que se toman un momento para distraerse durante el día regresan a sus actividades con más ideas y mayor creatividad. Durante las primeras semanas de tu búsqueda de empleo, es probable que te sientas libre, pero a medida que pasa el tiempo, puedes empezar a sentirte saturado de información. Este tiempo te permitirá replantear tu estrategia de búsqueda. Si algo no está funcionando como esperabas, estos momentos de pausa pueden inspirarte con nuevas ideas creativas que te acompañarán en tu futuro profesional. Un colaborador que sabe cómo desconectarse de las actividades diarias y cultivar la creatividad será un activo valioso para cualquier organización en la que trabaje.

El plan de organización laboral que propongo se expandirá a tu rutina diaria. Una persona organizada en casa también lo será en todos los ámbitos de su vida, ya sea en la oficina o en el auto. Cambiar o ajustar la organización de tu espacio de trabajo puede tener un efecto positivo en tu vida en general, permitiéndote ver las cosas desde una nueva perspectiva. En mi experiencia, he visto a personas que, durante procesos de organización y limpieza, descubren que las cosas que pensaban que les hacían felices en realidad no lo eran. Deciden hacer cambios radicales.

En el libro *La felicidad en el trabajo* de Marie Kondo, se cuenta la historia de una ejecutiva que gastaba mucho en su atuendo diario. Al entrar en el programa de *La magia del orden*, su primer cambio fue en su manera de vestir. Con el tiempo, se dio cuenta de que ya no era feliz en su trabajo actual y decidió cambiar radicalmente su enfoque profesional. Prepárate para posibles cambios durante tu búsqueda de empleo. Como dice el refrán, ¡el orden trae progreso! En tu caso, al igual que el de otros buscadores de empleo, la organización trajo cambios significativos en sus metas laborales.

Capítulo 4
Conéctate con tu propósito laboral y tu propósito personal

> *La autotrascendencia es el camino hacia la realización personal.*
>
> **Viktor Frank**
> *El hombre en busca de su sentido*

Tu propósito laboral VS. propósito personal

Quiero hablarte sobre un fenómeno mundial que tuvo lugar en la primavera de 2021, conocido como «la gran renuncia» o «The Big Quit», donde millones de personas renunciaron en diferentes países casi simultáneamente, comenzando en Estados Unidos. Aquí tienes algunos datos registrados sobre este fenómeno: durante el mes de abril de 2022, se registraron 5,467 renuncias. La consultora Hays mencionó que en España, el 77% de los trabajadores expresaron el deseo de cambiar de empleo, y el 37% manifestó su intención de buscar una nueva oferta laboral mejorada.

Este fenómeno surgió después de la crisis sanitaria mundial de la pandemia. Expertos en recursos humanos, como las consultoras Hays y PWC, informaron que esta tendencia se produjo como consecuencia de la crisis sanitaria de 2019 y que, tras 2 años de teletrabajo o promoción del trabajo flexible, las personas reconsideraron nuevas formas de equilibrar su vida laboral y personal. Esta es solo una de las teorías principales; sin embargo, otros estudios elaborados por consultoras como OCC Mundial y DGV Group señalan un desgaste en los colaboradores de las organizaciones. Entre los puntos principales mencionados se encuentran la falta de valores, un ambiente laboral negativo, la falta de reconocimiento, la monotonía en las actividades, la falta de alineación con el puesto, las escasas oportunidades de crecimiento, problemas de salud mental, liderazgo inadecuado, falta de innovación en el negocio y exceso de trabajo.

Este descontento generalizado se debe a los efectos de la pandemia, donde las personas experimentaron la libertad de trabajar desde casa, lo que les permitió dedicar tiempo a otras actividades en lugar de las horas diarias de desplazamiento. Así, pudieron realizar prácticas diarias de ejercicio, meditación, cuidar su alimentación o tomar cursos en horarios antes ocupados por el trabajo.

A raíz de esto, los reclutadores hemos enfrentado una crisis para atraer talentos a las organizaciones. Al preguntar a los colaboradores por qué renunciaron, predominantemente expresaron el deseo de encontrar un trabajo que se alinee con su propósito de vida, los mantenga motivados y les resulte gratificante.

Después de leer el libro *Powerful* de Patty McCord, ex Chief Talent Officer de Netflix, recordé el gran desafío al que se enfrentaba Netflix en sus procesos de contratación cuando aún no era el gigante del streaming que es hoy. En aquel entonces, competía con empresas como Google, Amazon y Facebook para retener y atraer talento. Durante un tiempo, Netflix optó por pagar salarios altamente competitivos para atraer a los mejores talentos técnicos. Sin embargo, se dieron cuenta de que simplemente pagar más dinero no era suficiente y que los candidatos más interesados en el dinero no eran necesariamente las personas que querían contratar.

Con el tiempo, Netflix comprendió que si bien el salario era importante (es decir, no querían ofrecer menos que la competencia), lo más crucial era proporcionar a los empleados un desafío que les permitiera desarrollarse profesionalmente. Este descubrimiento fue fundamental para construir la cultura corporativa de libertad y responsabilidad por la que Netflix es conocido.

Este ejemplo ilustra la importancia de alinear tus propósitos de vida con tu carrera profesional. Esto te llevará a sentirte pleno en tu lugar de trabajo y te proporcionará la estabilidad emocional necesaria para desarrollarte plenamente en diferentes etapas laborales. La «gran renuncia» reciente fue en parte resultado de un descontento generalizado y desmotivación entre la población laboral. Algunas personas creen que son las empresas las responsables de motivar a sus empleados, mantenerlos enfrentando desafíos constantes y optimizando sus talentos. Estos son elementos esenciales de los planes de desarrollo organizacional en las empresas, pero carecen de sentido si las personas no están emocionalmente comprometidas con lo que hacen día a día.

Tus propósitos laborales cambian

Después de completar tus estudios profesionales, generalmente alrededor de los 24 o 25 años, es común tener ciertos propósitos personales y necesidades financieras. Es especialmente importante hacer un ejercicio para identificar y escribir tus metas laborales y personales. Por ejemplo, si planeas estudiar una maestría, viajar durante un año o comenzar a ahorrar para comprar un auto, escribe estos objetivos a corto y largo plazo.

Este ejercicio te proporcionará claridad sobre lo que necesitas hacer para alcanzar tus metas. Puedes empezar considerando qué tipo de empleo te permitiría lograr estos objetivos y calcular cuánto debes ahorrar. Si te das cuenta de que tus metas personales y profesionales no son factibles con tu empleo actual o con el tiempo disponible, esta reflexión te permitirá ajustar tus planes y sentirte más emocionalmente estable. Es una manera efectiva de alinear tus aspiraciones laborales con tus metas personales para avanzar de manera más enfocada hacia el futuro.

Ejercicio

1. Busca un espacio del día, te recomiendo que sea por la mañana.
2. Escribe y completa esta frase: «a mí me gusta …».

3. En tu cuaderno de trabajo escribe tus propósitos de vida, no tienen límite.

4. Ve si existe relación entre tus propósitos de vida y tus frases de "me gusta", poder ir enlazando las frases.

5. Escribe tus propósitos laborales de este año.

6. Enlaza tus propósitos laborales y tus propósitos personales.

¿Por qué pensar en periodos de cinco años? A los 30 o 35 años, es muy probable que tus prioridades y objetivos profesionales cambien considerablemente. Para entonces, habrás acumulado al menos cinco años de experiencia laboral en tu campo, lo que te permitirá destacarte como Jr. o Sr. en las entrevistas y presentaciones laborales. Esta experiencia será evidente en tu currículum y te permitirá expresarte con seguridad sobre las responsabilidades que has asumido.

Si has seguido un plan de desarrollo profesional, es probable que hayas obtenido al menos una o dos certificaciones y quizás hayas perfeccionado un segundo idioma. Si además te diste la oportunidad de viajar, es muy probable que tus metas para los próximos cinco años se hayan ampliado. Cuando empieces a planificar tus próximos proyectos para el siguiente lustro, estarás acercándote a los 40 años.

Aquí te compartiré el mejor consejo que he recibido en mi vida: todo lo que inviertas durante esta etapa, tanto en términos económicos como profesionales, te servirá para el resto de tu carrera laboral, independientemente de a qué te quieras dedicar. Esta etapa representa una fase de madurez laboral significativa.

Es por esta razón que muchas personas enfrentan una crisis que les impulsa a realizar cambios radicales, buscando dedicarse a actividades profesionales o personales completamente diferentes. Por ejemplo, contadores que desean convertirse en escritores o financieros que desean incursionar en la fotografía. Los cambios pueden ser tan radicales como inspiradores.

Leí un artículo titulado «Cambiar de carrera es una experiencia emocionante», que lo comparaba con hacer un cambio radical, como cambiar de trabajo o incluso mudarte a otro país. Considero que en efecto, cambiar de carrera puede generar grandes transformaciones en la vida de una persona. Si estás interesado en realizar este cambio, te recomiendo empezar investigando todo lo relacionado con la nueva carrera profesional. Averigua sobre el plan de estudios, los lugares donde puedes estudiar y los objetivos de la carrera. Tal vez cuando elegiste tu primera carrera no investigaste tan a fondo, pero ahora es importante hacer una investigación más consciente para determinar cuánta relación existe entre las habilidades requeridas en la nueva carrera y tus habilidades actuales. Puede que ahora encuentres una mejor correspondencia, o quizás descubras que no coinciden en absoluto, apóyate en la Tecnología para hacer este tipo de investigaciones, pues hoy la IA puede darte información con más detalle, basada en la Data, mi recomendación es que si aún no estás familiarizado con el uso de la inteligencia artificial, la vuelvas parte de tu herramienta de trabajo para que puedas familiarizarte más con situaciones más cotidianas.

Cuando decidí cambiar de profesión, tenía 24 años y estaba a punto de terminar mis estudios en pedagogía. En ese momento, estaba cursando un diplomado en neuropsicología en el Instituto de Rehabilitación Física, donde se formaban terapeutas de lenguaje y aprendizaje para rehabilitar a los pacientes del hospital. Algunas de estas terapeutas eran mis compañeras de clase, y tuve la oportunidad de entrevistar a una de ellas, lo cual me fascinó. Me interesó mucho la idea de trabajar con niños para desarrollar sus habilidades de comunicación, así que decidí que era mi oportunidad. Además, había un límite de edad de 35 años para estudiar en este centro, y el proceso de admisión era competitivo, admitiendo solo a 70 alumnos por año. Me preparé meticulosamente para el examen y tuve la fortuna de ser admitida.

Inicialmente intenté continuar con mis estudios de pedagogía y el nuevo diplomado durante un año, pero me di cuenta de que no era viable manejar ambas carreras simultáneamente. Decidí terminar el primer año de pedagogía y enfocarme en una especialidad en neuropsicología en el mismo centro.

Te recomiendo que te hagas las siguientes preguntas para evaluar tu situación:

- ¿Quieres cambiar de carrera profesional? Identifica las razones que te mueven a cambiar de carrera, escríbelas.

- ¿Qué encuentras de interesante en esa profesión que te está llamando la atención? Busca el verdadero sentido de lo que te mueve a cambiar de carrera o profesión.

- ¿Cuáles de tus talentos se relacionan directamente con esa profesión? Recuerda que será mucho más sencillo cuando tus talentos estén relacionados con la profesión en la que te quieres desarrollar.

- ¿Tienes alguna persona cercana que se dedique a esa profesión con la que puedas conversar un poco sobre su profesión y saber más de esta carrera?

Si tienes la oportunidad de conversar con alguna persona que se dedique a esa profesión, te ayudará a obtener la información más importante sobre la carrera. Idealmente, que sea una persona recién egresada y otra con amplia experiencia, pues recuerda que los planes de estudio cambian y algunas personas descartan por la falta de interés en los planes de estudio. Busca organizaciones especializadas en intereses vocacionales para que puedas tener más herramientas con un experto sobre las posibilidades de un cambio de profesión.

Hoy existen muchas posibilidades de hacer dos programas de estudio al mismo tiempo, quizás uno en línea, no presencial, que te permita trabajar y alterar tus estudios.

¿En qué campo y dónde podrías emplearte o desarrollar esta nueva profesión? Aprovecha la inteligencia artificial (IA). Cambiar de profesión implica un cambio drástico que afectará tu futuro laboral. Por eso, mi principal recomendación es que realices una investigación profunda y consciente que te permita planificar tu futuro económico mientras estudias, evitando así abandonar anticipadamente por motivos externos como la economía o el tiempo. Hoy en día, la IA ofrece una gran cantidad de información que te será de gran utilidad. Cuanto más investigues, podrás ir sintetizando información y creando una base de datos con los datos obtenidos. Si te resulta útil, puedes comparar la información para facilitar la toma de decisiones. Además, familiarízate cada vez más con el uso de la tecnología para la investigación.

¿Cuáles de tus habilidades podrías desarrollar en esta nueva profesión? Durante tu investigación encontrarás los objetivos o perfil del egresado, así que revisa cuáles son las habilidades que vas a desarrollar y haz una correlación entre esas habilidades y tus intereses.

El día que mis intereses cambiaron

Hemos hablado sobre cómo los intereses y propósitos de las personas evolucionan con las etapas de la vida y la madurez. Para mí, ese día llegó cerca de mis treinta años, después de pasar cuatro años realizando la misma actividad en mi primer trabajo. Comencé a sentirme estancada en mi carrera, pero tuve la fortuna de haber estudiado Pedagogía, una carrera con diversas ramas como *Capacitación y Recursos Humanos*, áreas que desconocía y solo había explorado en algunas materias como psicometría, didáctica y capacitación.

Decidí invertir en mi desarrollo profesional tomando un diplomado en *Recursos Humanos* para adquirir más conocimientos en esta área. Fue así como comencé mi camino en Recursos Humanos. Después de terminar mi diplomado, solicité la oportunidad de desarrollar un departamento de Recursos Humanos en la institución educativa donde trabajaba, partiendo desde cero y ganando experiencia a lo largo del camino.

Dos años más tarde, se presentó una gran oportunidad para mí como Gerente de Recursos Humanos en una empresa. En ese momento, decidí especializarme aún más, obteniendo una Maestría en *Gestión y Desarrollo de Talento*. Este fue el día en que mis intereses cambiaron nuevamente, ya que me convertí en madre. Mi primer hijo tenía solo ocho meses cuando acepté este nuevo reto profesional en todos los sentidos: desde la distancia al trabajo hasta colaborar en una empresa predominantemente masculina en un sector desconocido para mí, como la construcción, con un salario que no había imaginado a los 30 años.

Fue una etapa de gran aprendizaje que disfruté mucho. Sin embargo, mi hijo necesitaba más atención a medida que crecía, enfermándose con frecuencia a los tres años. Me encontré en la difícil situación de decidir entre pasar más tiempo con él y continuar mi carrera. Fue entonces cuando decidí emprender.

Me asesoré legal, contable, financiera y creativamente, invirtiendo parte de mi salario en la creación de mi propia empresa mientras aún trabajaba. Hablé con mi jefe para ofrecer mis servicios como proveedora de su empresa una vez que la mía estuviera establecida. Estaba lista para preparar a mi reemplazo y, después de considerarlo cuidadosamente, renuncié para perseguir mi sueño.

Mi jefe no solo me agradeció por mi tiempo en su empresa, sino que también creyó en mi proyecto y me ayudó a conseguir mi primer cliente. Así nació *Connecta Partners* un 14 de junio de 2014. Cuatro años después, con un hijo de cuatro años, renuncié a la empresa que me había dado la oportunidad de crear mi segundo departamento de Recursos Humanos.

Lo que cambió mi rumbo profesional

El crecimiento de mi primer hijo cambió por completo mi rumbo profesional. Decidí aventurarme como emprendedora y, hasta el día de hoy, después de 10 años, me siento más entusiasmada que nunca con todo lo que experimento diariamente. He escuchado a muchas emprendedoras describir esta experiencia como una montaña rusa llena de emociones: ¡cuando crees que estás en la parte más baja, las cosas pueden volverse aún más interesantes! Fue así como nació mi interés por conocer a otras emprendedoras. Al identificarme como mujer y compartir sus inquietudes, sentía una conexión especial con ellas.

Quiero compartir contigo el día en que conocí a mi grupo de emprendedoras, quienes han sido fuente de inspiración para mí. Algunas de ellas fueron mis clientes y yo, a su vez, admiraba sus productos y servicios. Sigo el lema de que una emprendedora siempre ayuda a otra emprendedora. Una de las prácticas que sigo con frecuencia es leer las biografías de empresarios y emprendedores, seguirlos en redes sociales y discutir sus historias como tema de conversación.

Formé parte de la Academia Victoria 147, creada para impulsar a otras emprendedoras a desarrollar sus proyectos. Disfruté mucho participar en uno de sus programas llamado *Despegue*, donde durante varios meses tomamos clases una vez por semana y el *networking* era una parte fundamental. Allí, además de mejorar mi presentación (*pitch*), conocí a muchas otras emprendedoras con historias llenas de creatividad.

Aprendí a hacer *networking* y tuve la oportunidad de conocer a emprendedoras a las que pude apoyar con mi empresa como Euro Te (una marca de tés con presencia internacional), Lety Roman de Sersana Fitness Studios, y otras como Mari Carmen Obregón con su método *Wow*. A través de este programa, pude resolver muchos temas clave para todo emprendedor y obtener bases sólidas para mi negocio.

No ha habido un solo día en que haya dudado de que este sea mi camino. Además de tener la oportunidad de cuidar a mis hijos, seguir estudiando y asistir a conferencias, invertir constantemente tiempo, dinero y estrategias, he construido una sólida red de apoyo con estas mujeres. Conozco sus historias a través de conversaciones y podcasts, y veo en ellas una gran capacidad para liderar con empatía.

Admiro su inquietud por ser autónomas y encontrar medios para desarrollar ideas sustentables. También valoro su capacidad para adquirir conocimientos y capacitarse en sus propios talentos, así como su búsqueda de calidad de vida. Cuando veo el currículum de un emprendedor con más de 5 años de empresa que desea volver al mundo corporativo, me cuesta verlo solo como un aspirante más.

Me han preguntado si los emprendedores tienen habilidades específicas que se puedan observar en una entrevista. No tengo una respuesta clara. Creo que como emprendedor, debes desarrollar constantemente nuevas habilidades y conocimientos, ya que debes saber un poco de todo, aunque no tengas que hacerlo todo tú mismo.

Balance de vida y trabajo

Seguramente has escuchado esta frase, ya sea porque las empresas la promueven como parte de su estrategia de employer branding o porque los colaboradores buscan activamente esta condición en las ofertas de empleo. El equilibrio entre la vida y el trabajo es un término que debería ser reconciliador, tanto por el impulso de las empresas como por la disposición de los colaboradores para hacerlo realidad.

Después de lo ocurrido durante la pandemia, donde muchas empresas implementaron el trabajo remoto (*Home Office*) y permitieron a los empleados retomar sus actividades de manera similar a las realizadas en las oficinas, se generaron importantes cambios. Esto incluyó la reducción de gastos en transporte, la disminución del estrés relacionado con los desplazamientos y la modificación de los hábitos diarios. Como resultado, los empleados se sintieron más cómodos en sus roles laborales, lo que contribuyó a encontrar un mayor equilibrio entre la vida personal y profesional.

En las entrevistas de trabajo que realizamos a diario, observo que las generaciones *millennials* y *centennials* están ansiosas por lograr un balance entre su vida personal y sus responsabilidades profesionales. Es por ello que hemos visto cambios en las jornadas laborales, como la implementación de semanas laborales de cuatro días y la adopción de sistemas de trabajo híbridos que combinan el trabajo desde casa y en la oficina. El concepto de equilibrio entre la vida y el trabajo no solo fomenta la búsqueda de objetivos personales, sino que también aumenta el compromiso laboral de los colaboradores. Sin embargo, es importante diferenciar este término del propósito de vida, ya que cada uno aborda aspectos distintos de la realización personal y profesional.

Programas de *Global Mobility*

Uno de los beneficios más gratificantes al diseñar tus objetivos laborales es visualizar los diferentes lugares que puedes llegar a conocer a través de tu trabajo. ¿Has pensado en la posibilidad de vivir en otro país debido a tu trabajo? Este tipo de experiencia puede transformarte tanto a nivel personal como profesional. Hablo con conocimiento de causa, ya que desde el 2020 resido en Brasil gracias al programa de *Movilidad Global* de mi esposo.

La experiencia que mi esposo ha tenido al vivir y desarrollarse profesionalmente en otro país ha sido extraordinaria. Algunas empresas ofrecen programas de expatriación que no solo respaldan al empleado durante su adaptación en el extranjero, sino también a su familia. Esto permite que el empleado se enfoque en su trabajo sin descuidar otros aspectos importantes, ya que mudarse a otro país implica cambios significativos, como el idioma y la reubicación física. Las empresas cuentan con equipos de recursos humanos especializados para brindar apoyo integral al empleado en todo este proceso.

Este tipo de beneficio contribuye a mantener a los empleados comprometidos con la organización y se espera que el colaborador sea excepcional, tal como lo sugiere el término «colaborador extraordinario». Esta inversión que las empresas hacen en el proceso de expatriación generalmente tiene una duración de alrededor de tres años. Si estás interesado en vivir esta experiencia tan enriquecedora, prepárate para desempeñarte como un colaborador sobresaliente.

Si pudiera expresarte los grandes beneficios que aporta este programa al colaborador, serían exponenciales. Desde la perspectiva global del colaborador hasta la inmersión en una nueva cultura, estos programas tienen la característica de movilidad del colaborador por un periodo de tres años y medio, lo cual permite tiempo suficiente para adaptarse a la cultura del país. Además, ofrecen programas de beneficios, como el traslado completo del colaborador y su familia, programas de idiomas para la familia en caso de que hablen un idioma diferente, y el pago de gastos relacionados con vivienda y colegios, en caso de que el colaborador tenga familia. Algunas organizaciones también extienden beneficios al cónyuge o pareja del colaborador, como cursos o apoyo para la inserción laboral.

En mi experiencia, este programa me ha permitido aprender otro idioma, y mi hijo se convirtió en trilingüe a los 10 años y generó experiencias deportivas extraordinarias. Además, he establecido relaciones con otras parejas expatriadas para crear conexiones valiosas y recibir apoyo en temas esenciales como recomendaciones médicas, escolares y, por supuesto, lugares para visitar en este país. Gracias a esta experiencia como colaborador en un programa de *Movilidad Global*, pude escribir un libro es este país (que, por cierto, es inmenso y está lleno de contrastes culturales), inspirándome en cada lugar que tuve la oportunidad de conocer y conectando con una empresa llamada IDCN (*International Dual Career Network*) que apoya la integración profesional de las parejas de los colaboradores móviles, organizando una variedad de eventos de *networking*, reuniones y talleres culturales tanto a nivel local como global.

Escucha el episodio más reciente de mi pódcast: IDCN una asociación Global para integración profesional de los *Partners de Global Mobility* en:

Capítulo 5
El sentimiento de quien no tiene un empleo

Me doy cuenta de que si fuera estable, prudente y estático, viviría en la muerte. Por consiguiente, acepto la confusión, la incertidumbre, el miedo y los altibajos emocionales. Porque ese es el precio que estoy dispuesto a pagar por una vida fluida, perpleja y excitante.

Carl Rogers

El fenómeno del desempleo

¿Sabías que alrededor de mil millones de personas en todo el mundo, equivalente al 30% de la fuerza laboral global, se encuentran desempleadas? Este fenómeno afecta tanto a países en vías de desarrollo como a países industrializados, según datos de la Organización Internacional del Trabajo (OIT).

El estrés, el insomnio, la angustia y la depresión son algunos de los principales síntomas relacionados con las personas que atraviesan la fase de desempleo. Cuando me preguntan por qué decidí dedicarme y especializarme en Recursos Humanos, lo relaciono con la inquietud que me causaba ver a mi papá quedarse sin empleo. Quiero retomar esta parte para compartir lo que viví cuando él estaba desempleado, pues esa experiencia representa los sentimientos de incertidumbre más cercanos que he experimentado hasta hoy. A diferencia de él, he pasado de un empleo a otro sin tener que buscar activamente uno nuevo. Sin embargo, opté por generar mi propia fuente de empleo y trabajar diariamente con personas que buscan trabajo.

El psicólogo estadounidense Carl Rogers, junto con Abraham Maslow, fue uno de los iniciadores del enfoque humanista en psicología. Rogers habla sobre cómo el desempleo es uno de los factores más perturbadores para las personas. Antes de la muerte de un familiar cercano, el divorcio o la terminación de una relación personal, el desempleo es una de las situaciones que más afecta el comportamiento humano. Si la pérdida del empleo nos perturba, ¿cómo podemos cambiar nuestra experiencia? Este es uno de los focos principales de mi metodología: acercarte primero a los sentimientos que puedes desarrollar durante esta etapa. Estos sentimientos varían de persona a persona, pero los principales pueden ser: shock y sorpresa. Esto sucede desde que te dan la noticia y a veces no sabes cómo procesarla. En ocasiones, tienes el presentimiento de que va a suceder, pero otras veces te toma por sorpresa.

La angustia y la ansiedad son sentimientos que generan pensamientos, muchas veces catastróficos, sobre las posibles consecuencias negativas del despido. El resentimiento y el enojo surgen cuando las cosas no se llevan a cabo con la transparencia necesaria en casos de despido según la ley laboral. El colaborador puede sentir enojo e injusticia, especialmente si el despido fue inesperado. Por eso, es crucial abordar estos asuntos de manera adecuada, resolver primero el despido conforme a la ley para evitar cualquier deuda pendiente con el colaborador por parte de la empresa.

El sentimiento de vergüenza también es común. Se experimenta como una sensación de incompetencia, aunque no siempre tiene que ver con las capacidades personales. Las empresas pasan por diferentes etapas de crecimiento y, a menudo, recurren a despidos para evitar cerrar sus operaciones. Debemos hablar con mayor claridad sobre este problema del despido. Es importante destacar que ninguno de estos sentimientos es favorable para iniciar con éxito la búsqueda de empleo. Además, estos sentimientos pueden intensificarse con el tiempo.

¿Alguna vez te has dado cuenta de cómo las redes sociales nos permiten conocer mejor estos sentimientos que nos inquietan?

Últimamente he notado que las personas son más abiertas al compartir su vulnerabilidad cuando buscan empleo, en lugar de enfocarse en sus talentos. Si bien es parte del proceso hablar de ello, considero que es más relevante resaltar tus habilidades para conectar con tu próximo empleo. Más adelante, hablaremos sobre la magia del storytelling, pero si deseas conectar con alguien, acércate primero a tus talentos.

Por eso, si te encuentras recientemente desempleado, quiero regalarte esta frase: «tus situaciones más difíciles pueden traerte tus mejores oportunidades». Cuando te despiden, pasas por diferentes sentimientos, dependiendo de tu situación personal. Si eres padre de familia, mamá soltera, estás pagando una deuda importante o ayudando a tus padres con una situación particular, la experiencia puede ser más o menos difícil de afrontar. Sin duda, el desempleo marca un antes y un después en la vida de las personas.

He escuchado las ideas más extraordinarias después de que alguien pierde su empleo. Una historia que siempre cuento es la de mi esposo, quien ha tenido grandes oportunidades laborales. Después de cinco años, algunos proyectos llegaron a su fin, lo cual le generó sentimientos como los mencionados anteriormente. En su primer empleo en una empresa transnacional, la oficina en México cerró, lo que lo llevó a sentir preocupación. Sin embargo, una nueva oportunidad lo llevó a una provincia mexicana con una excelente oferta económica que le permitió comprar su primera casa.

Cinco años después, cuando el proyecto del aeropuerto en la Ciudad de México no prosperó, y cerca de los 40 años, recibió una propuesta para trasladarse a otro país en un proyecto interesante y desafiante, donde continúa desarrollándose profesionalmente hasta hoy. Cada vez que enfrento un gran cambio, pienso en esta historia y me motiva aún más. Espero que también te inspire a comenzar una búsqueda de empleo exitosa.

Me despidieron y no sé cómo decirlo en las entrevistas

Esta es una de las preguntas que más me hacen las personas cuando están buscando empleo: «me despidieron y no sé cómo abordarlo en las entrevistas». Mi respuesta es simple: sé honesto. Las empresas suelen solicitar referencias laborales y el motivo de tu salida será parte del proceso de reclutamiento. Además, es parte de tu experiencia y trayectoria profesional. Aunque sea un desafío, te recomiendo que te enfoques en tus habilidades y experiencia.

No te centres en el despido; eso ya pasó y ahora tienes nuevas oportunidades por delante. Habla sobre la situación de manera directa y sencilla. Comenta lo que sucedió y luego retoma el enfoque en tu experiencia. Siempre destaca las lecciones aprendidas.

Quisiera compartir una anécdota de uno de los episodios de mi pódcast *Talenteando*, donde conversé con Anel García, una exitosa empresaria mexicana con más de treinta años de trayectoria. Me preguntó: «si tienes dos aspirantes a un puesto, ¿a quién contratarías? ¿A la persona cuya empresa quebró o a la que generó buenas utilidades en el 2020?». Respondí que preferiría a quien no quebró la empresa, pero ella me sorprendió al decir que contrataría a quien sí quebró la empresa, porque ha aprendido de los errores y tiene valiosa experiencia. Esto es cierto; todos merecemos segundas oportunidades.

Si lees biografías de profesionales resilientes como Walt Disney, quien fue despedido del Diario Kansas City, o Nikola Tesla, el padre de la electricidad, quien fue despedido innumerables veces, o incluso Michael Bloomberg, político y empresario exitoso que fue despedido mientras trabajaba en Salomon Brothers, te darás cuenta de que el fracaso no define tu futuro. Puedes formar parte de estos prominentes personajes resilientes y encontrar nuevas oportunidades en tu camino profesional.

Actualízate en la era de la IA

Vivir este momento como parte natural de nuestros procesos implica entender que requiere un tiempo específico y una metodología de trabajo para acelerar nuestro desarrollo. Es un momento de actualización de nuestro currículum y nuestra formación académica o profesional. La mayoría de las personas no se actualizan a menos que sus empleadores proporcionen capacitaciones, pero muchas de estas capacitaciones están orientadas a los intereses de la organización. Cuando las personas están desempleadas, deben identificar las capacitaciones necesarias para mejorar sus habilidades técnicas o digitales, que están en constante evolución y las cuales les fortalecerán durante las entrevistas de trabajo.

Durante este tiempo, es importante dedicar parte de nuestra agenda diaria a investigar qué capacitaciones o certificaciones pueden mejorar nuestro perfil y, en ocasiones, permitirnos cambiar nuestros objetivos laborales al descubrir nuevas áreas de interés. La actualización es una inversión que debemos realizar regularmente, destinando una parte de nuestros ingresos mensuales y un tiempo específico, ya sea una hora diaria o el equivalente a unas 3 o 4 horas semanales, similar al tiempo dedicado a un programa de maestría o especialización.

El futuro nos alcanzó con la entrada vigorosa de la inteligencia artificial en el 2022. Todos los colaboradores debemos integrarnos completamente en el uso de esta herramienta. Es sabido que la IA sustituirá o transformará ciertos sectores laborales; sin embargo, es importante destacar que esta tecnología está reemplazando tareas más que personas. Por lo tanto, es fundamental actualizarnos en nuestra profesión para optimizar nuestras habilidades y convertirnos en expertos en el uso de la IA en nuestro ámbito laboral.

La inversión de los profesionales 360º

Si aún no tienes un plan para manejar tus finanzas, hoy es el mejor momento para comenzar. Los colaboradores 360º en la era de la IA son personas que mantienen sanas sus finanzas, lo que les permite invertir en sí mismos desde hoy y para siempre. Destinar una parte de tus ingresos a la capacitación o actualización te permitirá educarte continuamente, sin preocuparte por abandonar cursos o capacitaciones por falta de recursos. Además, existen infinidad de cursos gratuitos disponibles mediante búsquedas en línea, aunque requieren tiempo, es esencial que formen parte de tu vida y fluyan con naturalidad. Agenda estas actividades y busca aquellas que ofrezcan certificaciones, ya que estas tienen una vigencia y te ayudarán a mantener actualizados tus conocimientos.

Aunque no soy una experta en finanzas, quiero recomendarte un libro que me ha sido de gran ayuda: *El hombre más rico de Babilonia* de George S. Clason. También te sugiero revisar *Las cinco leyes del oro*, ya que contienen elementos básicos para mejorar tu economía personal.

El manejo del estrés en tiempos difíciles

Hemos hablado previamente sobre las diferentes etapas de la búsqueda de empleo, y es crucial abordar el estrés mediante actividades que lo alivien. Es ideal comenzar el día con alguna actividad que te ayude a liberar el estrés. Recuerda que puedes planificar esto en tu agenda diaria. En el libro *El Club de las 5 de la mañana* se sugiere iniciar tu día a las cinco de la mañana, lo que implica despertarse incluso a las 4:40 para poder comenzar tu primera actividad a las cinco. Aunque adaptar tu rutina para iniciar tan temprano puede requerir ajustes significativos en tus hábitos diarios, te animo a considerar esta recomendación. En mi caso, vivo en Brasil donde a las 5 de la mañana ya hay suficiente luz natural, lo que me ayuda a estar más activa. Sin embargo, lograrlo requiere mucha disciplina. Una vez que te acostumbres, notarás que el día rinde mucho más y podrás realizar muchas actividades sin salirte de tu enfoque diario. Si decides comenzar tu día tan temprano, es recomendable programar tus actividades físicas para esta hora.

Es fundamental conocerte a ti mismo/a y determinar si las actividades físicas por la mañana son ideales para ti. Ajusta también tus horarios de sueño; si te despiertas temprano, asegúrate de preparar tu ambiente para dormir entre las 21:00 y las 22:00 para garantizar entre siete y ocho horas de sueño. Es importante mantener esta dinámica todos los días de la semana para mejorar tus hábitos.

Durante esta nueva etapa de búsqueda de empleo, tendrás la oportunidad de cambiar muchos aspectos, como tus hábitos de sueño, alimentación y actividad física, lo que se reflejará en tu ánimo y calidad de vida. Cuando inicies tu próximo empleo, estos cambios estarán arraigados y será menos probable que los modifiques debido a las demandas del trabajo. Esto es muy motivador.

Te recomiendo buscar actividades deportivas que no incrementen significativamente tus gastos mensuales. Algunas personas enfrentan nuevos gastos durante la búsqueda de empleo, lo cual puede generar estrés adicional. Durante una crisis financiera a mis 30 años, y con un hijo pequeño al que no quería afectar abruptamente, ajusté mis actividades a aquellas que no generaban costos adicionales. Dejé de asistir a un club social y comencé a correr cerca de casa para evitar el pago de un gimnasio. También prescindí del apoyo en casa, busqué becas escolares para mi hijo, y reduje drásticamente las diversiones que no eran tan prescindibles. A medida que me estabilizaba económicamente, prioricé cuidadosamente mis gastos, incluyendo suscripciones a gimnasios más accesibles. Dos años después, pude retomar nuestras actividades prioritarias. Es esencial planificar y prepararse financieramente para afrontar estos gastos sin generar estrés innecesario ni sentirte presionada a aceptar un trabajo por necesidad económica. Cuando comiences a recuperarte financieramente, hazlo de manera gradual para aumentar tus ahorros. Recuerda que la adaptación a una nueva situación puede llevar hasta seis meses.

Sí medito

Durante la pandemia, mi ansiedad se disparó. Además, me encontraba adaptándome a un nuevo país como Brasil y estaba embarazada a los 41 años. Buscando diferentes alternativas para mantenerme en calma, descubrí mi nuevo *hobby*: los *podcasts*. Fue así como conocí

Sí medito, un pódcast original y exclusivo de Spotify. Lo que quiero destacar es que *Sí medito* ofrece meditaciones específicas para la búsqueda de empleo, el liderazgo, el estrés laboral, entre otros temas.

Recientemente, tuve la oportunidad de conocer y entrevistar a la creadora de *Sí medito* en mi propio pódcast. Durante nuestra conversación, compartió cómo surgen estas meditaciones que apoyan a las personas en sus procesos de búsqueda de empleo. Si practicas la meditación o no, te invito a escucharlas. Seguramente encontrarás una forma de relajarte durante este proceso. Te comparto el enlace para que puedas explorarlo más a fondo:

Ahorro constante

Una de las lecciones que aprendí durante mi crisis económica fue la importancia de gestionar tanto mi empleo como mi emprendimiento al mismo tiempo. Ambas situaciones surgieron simultáneamente, y no tenía la certeza de recibir un salario mensual estable cada mes. Aunque contaba con ahorros, no eran suficientes para determinar cuánto tiempo tardaría en alcanzar un equilibrio financiero y percibir un sueldo comparable al que tenía en mi último empleo, que, para mis 34 años, estaba por encima del promedio salarial. Establecí una meta alta y esto me enseñó la importancia de ahorrar para tiempos difíciles.

Es crucial desarrollar una cultura del ahorro. Según los especialistas, destinar un 30% de tu salario a un fondo de emergencia puede ser de gran ayuda para enfrentar imprevistos financieros. También quiero recomendarte el libro *Pequeño cerdo capitalista* de Sofía Macías, que aborda varios aspectos del ahorro desde el inicio de tu carrera laboral. Si hubiera leído este libro en mis primeros años laborales, mi historia habría sido más fácil. Después de 10 años, habría tenido más recursos para afrontar las épocas difíciles sin sentirme abrumada por el estrés.

Hoy en día, tengo estrategias para enfrentar estas situaciones, como el ejercicio físico para liberar el estrés y el hábito del ahorro. Además, contar con planes de seguro desde el inicio de tu carrera es una garantía para afrontar cualquier problema de salud que pueda surgir.

Para finalizar, te recomendaría leer tanto *Pequeño cerdo capitalista* como *El hombre más rico de Babilonia*. Ambos libros ofrecen valiosas lecciones sobre el poder del dinero y cómo hacerlo crecer. Estoy segura de que con estos consejos estarás bien preparado para enfrentar cualquier eventualidad en el mundo laboral y financiero.

Es momento de buscar tu sentido laboral

¿Sabías que la mayoría de las oportunidades surgen durante procesos de crisis como el desempleo? En ocasiones, las personas pierden sus empleos debido a renuncias, despidos u otras situaciones personales que las llevan a dejar sus trabajos. Sin embargo, esto les brinda la oportunidad de desarrollar nuevas ideas para su próxima actividad laboral o reinventarse profesionalmente. Como mencioné antes, esto comienza con la actualización y la planificación de tiempos.

El desempleo no es un momento de descanso o de dedicar solo unas horas a la búsqueda de empleo; todo lo contrario. Es el momento de dedicarle el mismo esfuerzo que dedicarías a un trabajo regular: ocho horas diarias a buscar empleo y hacerlo con un nuevo sentido laboral y propósito renovado.

El mejor momento para buscar trabajo es cuando tienes trabajo

Por favor, recuerda esta frase: «el mejor momento para buscar trabajo es cuando ya tienes trabajo». ¿Por qué? Porque en ese momento, no estarás afectado por los factores emocionales que mencioné anteriormente en este capítulo, como la incertidumbre y la angustia. Estos sentimientos no interferirán en tu proceso de búsqueda, sin importar cuánto tiempo dure. Podrás concentrarte mejor en tus procesos de búsqueda, tomar decisiones sobre ofertas de trabajo con mayor seguridad y claridad, y presentarte de manera más segura en tus entrevistas laborales. No sentirás la urgencia ni la presión del tiempo para encontrar nuevas oportunidades laborales, y podrás tomarte el tiempo adecuado para cerrar tu participación en tu trabajo actual de manera adecuada.

No siempre es posible buscar trabajo mientras estás empleado, pero si tienes la oportunidad de hacerlo, es la mejor opción para iniciar tu búsqueda laboral.

Capítulo 6
Desarrolla tu marca personal: CV con parámetros de IA, LinkedIn, *networking*

> *Tu marca personal es lo que dicen de ti cuando no estás presente.*
>
> **Jeff Bezos**

Desarrollo de tu marca personal en cinco días

Ayer asistí a una conferencia titulada *LinkedIn para potenciar tu crecimiento profesional*, impartida por la Editora de LinkedIn Noticias México. Uno de los temas con los que inició su conferencia fue «La huella digital». ¿Te has buscado en Internet? ¿Qué dice Google de ti? Todo lo que haces en redes sociales queda registrado para siempre y se denomina huella digital. ¿Qué valor tiene esta información para ti? ¿Y qué valor tendrá en los próximos años y para la fuerza laboral del futuro inmediato?

Hoy en día, puedes agregar valor a todo lo que haces o, por el contrario, restárselo. Esto es lo que conocemos como *Personal Branding*: el valor de tu huella digital y cómo puedes utilizarlo a tu favor. Continuando con nuestro proceso de búsqueda laboral, ¿cómo puedo desarrollar mi marca personal para potenciarme en mis procesos de búsqueda de trabajo? ¿Qué me hace diferente de mi competencia? ¿Cuáles son las herramientas que pueden apoyarme en mi búsqueda de empleo? Nos enfocaremos en tu currículum con parámetros de la

IA, LinkedIn, networking laboral y storytelling, temas que abordaremos en este capítulo.

Cada vez que escucho la frase «¿hay suficientes empleos para toda la fuerza laboral que busca empleo?», la respuesta es sí, siempre y cuando sepas potenciar las herramientas adecuadas que te servirán durante toda tu trayectoria laboral.

¿Sabías que, a partir del año 2018, el 70% de los empleadores se basan en la marca personal de los candidatos para sus procesos de contratación?

Así que el primer paso es que conozcas ¿qué es una marca personal?

> **La marca personal es la manera de clarificar y comunicar aquello que nos hace diferentes y especiales, y de emplear esas cualidades para guiar nuestra carrera o tomar nuestras decisiones estratégicas.** Neus Arqués

El mercado laboral es cada vez más competitivo e inestable, por lo que debemos generar una diferencia entre lo que hacemos y cómo logramos comunicarlo en nuestro entorno profesional, y esto requiere de toda una metodología que es el desarrollo de tu marca personal. Seguramente has escuchado o leído de cómo se crea una marca de algún producto, pues de la misma manera, la creación de tu marca personal necesita de ese proceso.

Primer día: **crea tu marca personal**

En mi experiencia, he visto que los programas de marca personal se vuelven interminables o son demasiado sencillos. La práctica que tendrás en este libro está prevista para cinco días de intenso trabajo, así que vamos a comenzar con nuestro primer día.

1. Proceso de creación de tu marca personal: crea y cuida tu marca

La creación de una marca personal es un proceso que sigue las siguientes etapas lógicas, similares a las de cualquier campaña de marketing:

- **Definir**: ¿qué entendemos por nuestra marca personal? Establecer qué valores nos caracterizan, qué nos hace diferentes.
- **Fijar**: los objetivos personales que deseamos lograr a través de nuestra marca.
- **Establecer**: cuál es nuestro público objetivo (a quién le queremos comunicar; en tu caso, es el sector de tu interés, la industria a la que quieres pertenecer).
- **Posicionar**: conocer cuál es nuestra reputación actual y planificar las acciones para adecuarla a nuestros valores y objetivos (la huella digital).
- **Comunicar**: transmitir nuestra propuesta a nuestro público objetivo.
- **Revisar**: las situaciones cambian, nosotros evolucionamos. Debemos reajustar periódicamente nuestra comunicación personal.

Los procesos de creación de marca personal se construyen desde dentro, no desde fuera. ¿Por qué? Nuestra marca solo brillará en la medida en que estemos transmitiendo valores auténticos, no fingidos.

2. ¿Qué es y qué no es? De ser un recurso (humano) a ser una marca

Al aplicar un proceso de marca personal, nos autoanalizamos como si fuéramos el departamento de *marketing* encargado de promocionarnos a nosotros mismos. Estas son las diferencias de percepción que separan la mentalidad del colaborador (tradicional) y la mentalidad del colaborador arropado por su marca personal.

Colaborador tradicional	Colaborador centrado en su marca personal
Piensa en: • La libertad profesional. • Trabajar para él. • Confiar en él.	Piensa en: • La seguridad laboral. • Trabajar para el jefe. • Confiar en la empresa. • Buscar un trabajo.
Escribe: • Un plan de marketing. • Planes a largo plazo (años). • Como salir del mercado. • Soluciones a problemas.	Escribe: • Un *curriculum vitae*. • Planes a corto plazo.
Tiene valores y competencias.	Tiene habilidades y competencias.
Su objetivo es diferenciarse.	Su objetivo es encajar.
Se basa en la estrategia.	Se basa en la perseverancia.
Construye relaciones.	Realiza transacciones.

> Tu marca personal es personal. Es tuya. No es corporativa. Te pertenece y refleja tus valores. Tu marca personal es portátil. Tu marca va donde vas tú.

3. ¿Para qué sirve? Ventajas de la marca personal

Identificar y proyectar nuestra marca personal nos aporta diversas ventajas:

- Nos ayuda a entendernos mejor a nosotros mismos.
- Mejora nuestra autoconfianza.
- Aumenta nuestra visibilidad.
- Nos diferencia.
- Mejora nuestra retribución.
- Nos ayuda a sobrevivir en tiempos de crisis económica.
- Nos permite adentrarnos en nuevas áreas de negocio.
- Nos permite acceder a puestos mejores y más interesantes.

4. Material de apoyo

Ahora bien, construir tu marca personal requiere tiempo y ejercicios prácticos que puedas ir resolviendo y guardando, pues tu marca personal también se irá transformando. Lo que sigue es la construcción de tu marca personal. Tómate tu tiempo y desarrolla este cuadro, donde podrás plasmar todo lo revisado en un solo formato.

Por favor, revisa la información y llena cada espacio.

Actividad para construir tu personal branding

	TU PERSONAL BRANDING		
MARCA	**PROPÓSITO** ¿Cuál es tu misión?	**VALORES** Los tres valores que mejor expresan tu marca.	**OBJETIVOS** Tus metas a corto, medio y largo plazo.
POSICIÓN	**REPUTACIÓN** Tu posición actual en el mercado.	**DIFERENCIACIÓN** Características por las que tu propuesta resulta singular.	**PÚBLICO** Persona o personas a las que te diriges.

	ESTRATEGIAS			
FORMATO El/los canales en los que más cómodo/a te sientes.	**CONTENIDOS** Qué publicarás, cuándo y cómo.	**MEDIOS** Aproxímate a los medios de comunicación.	**NETWORK** Dinamiza tu red de contactos.	**OTRAS** Estrategias singulares y específicas para tu propuesta.

Segundo día: **identifica tus** *skills*

Las *skills* son las habilidades que las personas conocen y practican diariamente. Tienen relación con las actividades o responsabilidades de la profesión o actividad profesional. En el área laboral, las dividiremos en tres: habilidades blandas o *soft skills*, habilidades técnicas y habilidades digitales o *digital skills*.

1. Identifica tus *soft skills*

Las *soft skills* o habilidades blandas son una mezcla de competencias sociales, atributos personales, cualidades y actitudes que permiten a las personas desempeñarse adecuadamente en su entorno. Se consideran determinantes para alcanzar las metas, junto a los conocimientos técnicos o profesionales.

2. Reconoce tus *hard skills*

Las *hard skills* se pueden definir como los conocimientos que se han adquirido mediante formación reglada o mediante experiencia profesional, de modo que son fáciles de demostrar.

3. *Hard skills vs. soft skills*: ¿cuáles son las habilidades que buscan las organizaciones hoy?

En el proceso de solicitud de empleo, tenemos la oportunidad de dar a conocer nuestras competencias profesionales para que el especialista de recursos humanos pueda determinar si nuestro perfil es el más apropiado para un puesto. Estas competencias pueden dividirse en dos grandes grupos. Por una parte, encontramos aquellas habilidades que son demostrables, se pueden acreditar y agrupar como *hard skills*. Por otra, encontramos las habilidades interpersonales que son inherentes a nuestro carácter y que podemos denominar *soft skills*. El equilibrio entre ambas habilidades es lo que te define como trabajador. Para que quede más claro, vamos a desglosarlas en un cuadro comparativo:

Hard Skills	Soft Skills
Conocimientos, habilidades, cualificaciones aprendidas y certificables	Rasgos de la personalidad, habilidades personales e interpersonales
• Idiomas. • Formación profesional. • Manejo de herramientas de trabajo. • Lenguaje de programación. • Conocimientos de software.	• Habilidades de comunicación. • Empatía. • Trabajo en equipo. • Liderazgo. • Gestión del tiempo. • Autocontrol. • Adaptación. • Resiliencia.

4. Proyecta tus *digital skills*

Son las habilidades que están relacionadas con tecnología, lo digital, etc. Pueden estar relacionadas directamente con tu profesión, pero también son un valor agregado.

PROYECTA TUS *DIGITAL SKILLS*	
Normalmente, las actividades que nos apasionan se relacionan con nuestras competencias más relevantes. Lo que nos gusta, solemos hacerlo bien. Por eso, piensa en tus pasiones: *¿Qué actividades o hobbies te interesan más? ¿Y qué habilidades requieren?*	
ACTIVIDADES	HABILIDADES

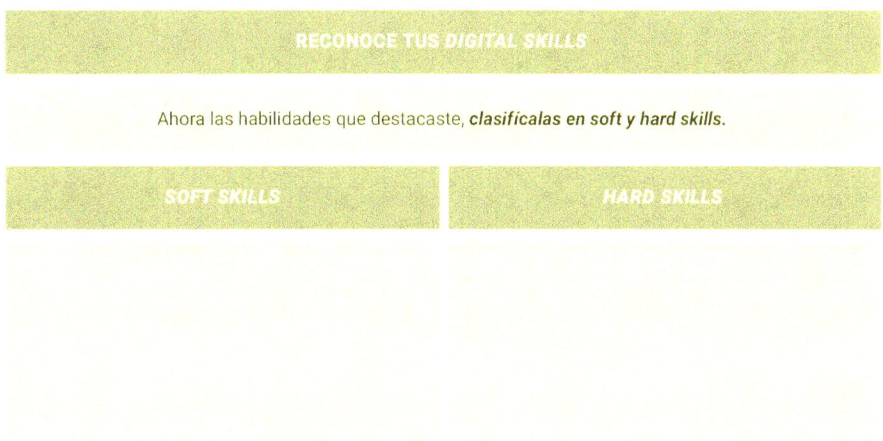

Concentrar esfuerzos en aquellos canales que nos permiten proyectarnos mejor, con más soltura, para llegar del modo más fehaciente posible a nuestro público objetivo.

Material de apoyo

En este cuadro, escribe tus habilidades, según el referente de tu último empleo. Tómate tu tiempo, puedes hacer uno o más cuadros hasta que te sientas más seguro de tu información. Con esta información tendrás claro cuáles son tus power skills, que son el conjunto de tus habilidades digitales, soft y hard skills.

Ahora viene el momento de desarrollar tu identidad de marca, para lo cual te dejo el siguiente ejercicio práctico, donde vas a requerir el apoyo de tres personas: un familiar cercano a ti, un amigo y un compañero de trabajo. A ellos les pedirás que te respondan estas preguntas, que colocarás en el cuadro de identidad de marca, pues muchas veces no empata lo que tú piensas de ti con lo que los demás piensan o te conocen. Así que este ejercicio te arrojará información importante sobre tu identidad.

Visualiza tu identidad

Te pido que hagas memoria, retrocede en el tiempo y recuerda. ¿Cuáles han sido tus mejores logros profesionales en tu puesto actual (en caso de que no estés empleado, del último empleo)? ¿Cuáles han sido tus mejores logros en tu puesto anterior? Si no has laborado, menciona cuáles son las asignaturas que son de tu mayor interés o que te llevaron a elegir tu licenciatura. Responde aquí:

Pregunta a tres personas conocidas sobre tus atributos que te definen y por qué

Pregunta a tres personas conocidas sobre los atributos que te definen y por qué...

ATRIBUTO	Familiar 1	Familiar 2	Familiar 3

ATRIBUTO	Amigo 1	Amigo 2	Amigo 3

ATRIBUTO	Colega 1	Colega 2	Colega 3

Inventarios de objetivos

Ya visualizaste con qué te identificas y cuáles son tus atributos, así que ahora apóyate en la información. A medida que lo pienses, ¿qué objetivos te vas a proponer? Apunta los objetivos que te vengan a la cabeza sin limitarte y siempre ten en cuenta los plazos y tiempos para la realización. (Los objetivos deben ser medibles y alcanzables)

Descripción de objetivos	Plazos

Tercer día: **realiza un *benchmark***

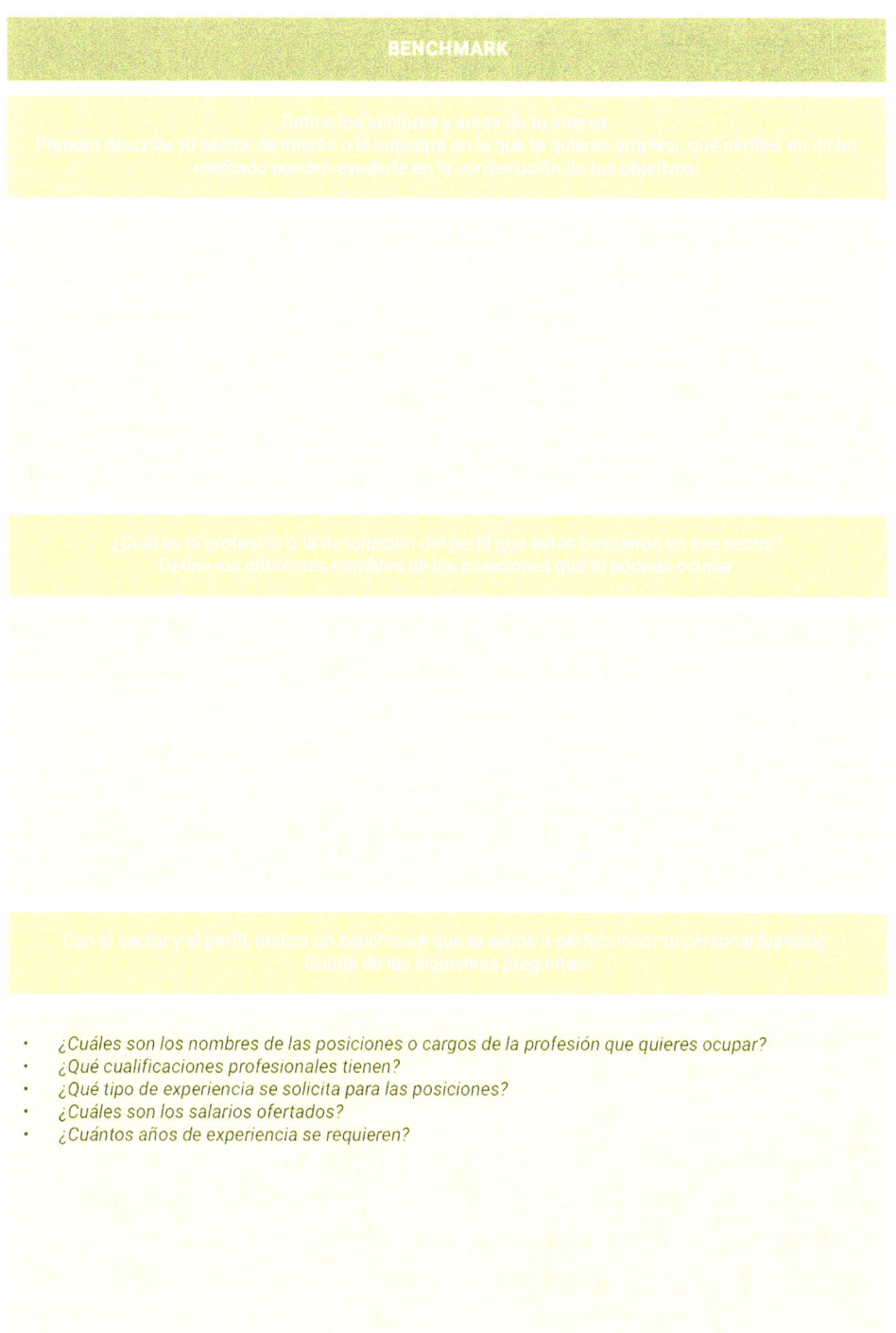

- ¿Cuáles son los nombres de las posiciones o cargos de la profesión que quieres ocupar?
- ¿Qué cualificaciones profesionales tienen?
- ¿Qué tipo de experiencia se solicita para las posiciones?
- ¿Cuáles son los salarios ofertados?
- ¿Cuántos años de experiencia se requieren?

Cuarto día: **hazte visible**

Marca personal y huella digital

Como revisamos al principio de este capítulo sobre la huella digital, hoy en día todo lo que dices en internet, en tus redes sociales, e incluso lo que omites, deja una huella digital. Basta con buscar tu nombre completo en internet para identificar esta huella digital, que es lo que permanece en línea de ti.

Recordemos aquí que en internet somos lo que los demás perciben de nosotros. ¿Cómo afecta esta particularidad a nuestra marca personal? Si nuestro interlocutor nos conoce fuera de la red, esta percepción puede ser diferente. Uno de los ámbitos digitales que impacta directamente en nuestra marca personal son las redes sociales, plataformas en las que podemos crear un perfil y establecer conexiones con nuestros contactos y sus contactos. Además, nuestros actos jurídicos o legales también quedan registrados en la web. Por ejemplo, si enfrentamos alguna demanda legal, este registro puede aparecer entre las primeras búsquedas, al igual que nuestro título universitario, entre otros aspectos.

En internet, nuestros posts, nuestra forma de ser y actuar contribuyen a definir nuestra identidad. Hoy en día, algunas organizaciones buscan conocer la reputación digital de los aspirantes interesados en formar parte de los procesos de reclutamiento para alguna de sus posiciones, por lo tanto, esto también está generando un impacto en los temas de contratación.

Elabora un currículum de impacto

Seguramente has escuchado que tu currículum o resumen de vida es tu carta de presentación. Es lo que te abre o te cierra las puertas a las organizaciones. Si tu currículum no causa un impacto positivo, es probable que no pase el primer filtro de los reclutadores. ¿Por qué te digo esto? Los reclutadores disponen de escasos segundos para revisar los currículos de las vacantes. Por lo tanto, si tu currículum no genera impacto, es menos probable que te llamen para invitarte al proceso.

Ahora quiero mostrarte diferentes maneras de generar impacto en todas las etapas del proceso de reclutamiento a través del desarrollo de tu marca personal. Esto te hará destacar entre tu competencia y te ayudará a reconocer tu valor diferencial, no solo para las entrevistas de trabajo, sino en todo lo que hagas. Permíteme compartirte un ejemplo de cómo impactar a tu audiencia.

Imagina que tienes la oportunidad de asistir a un espectáculo del *Cirque Du Soleil*. Recibirás una experiencia única y sin igual en el mundo. Por eso, los creadores del *Cirque Du Soleil* han trabajado arduamente en desarrollar su marca personal para ofrecer una experiencia única a su audiencia en todos los países donde se presentan. ¿Cómo lo han logrado? Todo comenzó en 1984 en Quebec, Canadá, cuando un grupo de acróbatas en zancos y artistas callejeros formaron una compañía llamada «Club des Talons Hauts» (el Club de los Tacones Altos). Después de ganar reconocimiento, el fundador del grupo, Guy Laliberté, comenzó a negociar para presentarse en las celebraciones del 450 aniversario de la fundación de Quebec con su espectáculo «Cirque du Soleil». Para recaudar dinero, Laliberté convenció a su socio, Ste-Croix, de caminar unos 90 kilómetros en zancos. Tras el éxito del espectáculo por el aniversario de la ciudad, decidieron cambiar el nombre a *Cirque du Soleil* y rápidamente encontraron personas dispuestas a pagar para ver su mezcla de acrobacias y arte.

Los creadores de *Cirque du Soleil* buscaron diferenciarse al no usar animales, una práctica asociada comúnmente con los circos, lo cual sigue siendo un gran atractivo para los espectadores hasta hoy. Otro diferenciador fue concentrarse en acrobacias realizadas bajo una gran carpa. Además, agregaron espectáculos permanentes a las giras habituales de la compañía. En 1993, Laliberté se asoció con el magnate de los casinos Steve Wynn en Las Vegas para crear el espectáculo estable «Mystère» en el Hotel Mirage de Wynn. En 1998, el espectáculo «La Nouba» se inauguró en Disney World, en Orlando, Florida. Con el tiempo, se especializaron y se convirtieron en una gran compañía que opera a nivel mundial, enfrentando grandes crisis financieras pero manteniéndose como un referente de marca personal. En pocas palabras, el *Cirque Du Soleil* es un ejemplo de personal brandig que ha logrado mantenerse con los años.

Del mismo modo, cuando hablamos del Star System, los actores como Charles Chaplin son otro ejemplo de *Personal Branding*. Cada película te permite experimentar algo único. No hay otro Charles Chaplin. De manera similar, tú puedes desarrollar tu marca personal al concentrarte en generar algo que te distinga a ti de tus competidores.

¿Cómo puedes generar el contenido de tu currículum de forma que impacte?

Cuando hayas aprendido a generar el contenido de tu currículum, te propongo que el día que vayas a elaborarlo sigas los siguientes pasos. Responde estas preguntas:

- ¿Tienes claro cuál es la posición que quieres ocupar?
- ¿Sabes el nombre de la posición?
- ¿Tienes clara la industria a la que quieres pertenecer?
- ¿Conoces a tres personas que estén en el puesto donde tú quieres estar?
- ¿Tienes clara la empresa donde quieres trabajar?
- ¿Tienes ya un currículum?

Desarrolla tu CV con parámetros de la IA

La inteligencia artificial ha llegado para quedarse y necesitas integrarla a tu vida laboral desde este momento inicial. Cuanta más práctica tengas en utilizar la IA para temas laborales, estarás más actualizado y será un factor predominante para destacar entre tus competidores. Los «job hunters» apoyan a las personas en búsqueda de empleo para que utilicen la IA en su búsqueda laboral. Aquí aprenderás a utilizar esta herramienta.

Según una encuesta realizada por Indeed en México, el 89% de los reclutadores consideran que la IA ayuda a ahorrar tiempo en tareas repetitivas, y el 79% señaló que puede ser útil para encontrar candidatos. Como puedes ver, la IA está captando la atención de los reclutadores y la están utilizando en los procesos de reclutamiento.

Por lo tanto, si estás buscando trabajo, debes familiarizarte con la IA y necesariamente elaborar tu CV siguiendo los parámetros de la IA. Aquí te daré las primeras recomendaciones.

Hace unos meses viajé con mi hijo a Buenos Aires, un lugar que no conocía. Utilicé ChatGPT y le pedí que actuara como un experto en viajes para planear una estadía de 7 días. Con las respuestas que recibí, fui refinando mi búsqueda, especificando las edades de las personas que viajaríamos, los lugares que quería visitar y las direcciones cercanas al lugar donde nos íbamos a hospedar, entre otros detalles. La última recomendación fue muy específica y cumplió con todas mis expectativas. Para empezar a familiarizarte con esta herramienta, puedes realizar un ejercicio similar. Una vez que estés listo, puedes comenzar a desarrollar tu CV utilizando estas recomendaciones.

Preguntas

- Pídele que actúe como un experto en reclutamiento para la búsqueda de una posición (Aquí vas a colocar el nombre de la posición que ya decidiste que es como quieres contratarte o cómo quieres que te encuentren los reclutadores).

- Pídele que te muestre las *keywords* más relevantes de la posición con la que quieres que te busquen los reclutadores.

- Pídele que te muestre las responsabilidades más sobresalientes de un perfil como el tuyo, según la industria a la que quieres pertenecer.

- Ve guardando toda esta información y ve construyendo un solo extracto de la información.

- Revisa la información y pídele que actúe como un reclutador o un *head-hunter* experto en tu perfil para que redacte un CV con la información obtenida.

- Con el currículum, pídele que actúe como un experto en análisis para que redacte un mensaje o síntesis de tu currículum para presentarte con reclutadores. Tú puedes definir el número de caracteres.

Cuanto más indagues, el *chat* te proporcionará más información; por eso es tan valiosa tu ayuda y la asesoría de un especialista.

Para este punto, te recomiendo utilizar la versión gratuita de OpenAI. Ya cuando te consideres experto, puedes pasar a la versión pagada, pero primero familiarízate.

El ejercicio anterior es lo que hacemos con mi programa de empleabilidad. Antes revisamos el CV de la persona y vamos profundizando en las preguntas para tener la seguridad de que la persona se sienta con un CV idóneo a su perfil de puesto.

Elige un formato según el *bot* de Chat GPT óptimo para tu perfil profesional

Las personas suelen preocuparse más por el formato del CV que por el contenido, y veo numerosos anuncios en redes sociales pidiendo ayuda en este proceso. Es importante destacar que el formato debe reflejar adecuadamente las habilidades y la experiencia laboral del candidato. Sin embargo, la inteligencia artificial también puede ser útil en este proceso.

ChatGPT, en su versión de pago que permite adjuntar archivos, y Claude 3, que permite la adjunción de archivos de forma gratuita, son herramientas útiles en este sentido. ChatGPT menciona que, aunque normalmente no recomienda plataformas específicas para la creación de CV, ha probado con éxito el CV. Ambas utilizan algoritmos de IA para analizar la estructura y el contenido de un CV, y sugieren mejoras.

Estas plataformas, al igual que ChatGPT, pueden ayudarte a estructurar y guiar tu CV, proporcionarte palabras clave específicas de la industria que te interesa y ajustar la redacción. Esto puede aumentar las posibilidades de que tu CV pase los sistemas ATS (*Applicant Tracking Systems*).

Te recomiendo revisar el formato y buscar tres opciones con las que te sientas mejor. Puedes seguir utilizando estas herramientas para revisar los cambios que haya, pues la tecnología ofrece varias opciones de formatos y con ellas podrás decidir cuál es la mejor para tu perfil.

Cómo usar mejor el Chat GPT

Solo necesitas compartir tu CV y redactar un *prompt* (instrucción) como este:

> *Actúa como reclutador con más de 15 años de experiencia especialista en el área. Estoy compartiendo contigo mi CV, analízalo detenidamente y sugiéreme mejoras junto con tus razones. Antes de empezar, hazme las preguntas que consideres necesarias para realizar esta tarea de la mejor manera posible.*

Con esta instrucción, proporcionarás una base sólida para que la IA analice tu documento de manera óptima y te ofrezca sugerencias útiles. Con el tiempo, las respuestas serán más precisas, pero recuerda que tú posees la información más relevante sobre tu perfil profesional. Asegúrate de revisar los resultados y, si es necesario, consulta a un experto para obtener una evaluación completa.

¿Cuántas versiones de CV?

Frecuentemente, los aspirantes a búsqueda de trabajo me preguntan cuántas versiones de CV necesitan. La respuesta es varias, ya que el currículum debe adaptarse a las posiciones solicitadas. Por lo tanto, es importante realizar una búsqueda directa, observar detenidamente la vacante a la que estás postulando e identificar al menos cinco requisitos clave de esa vacante.

Ten en cuenta que no solo necesitarás un currículum, sino que puedes tener varias versiones dependiendo de las posiciones a las que te estás postulando. Es fundamental identificar la vacante más relevante para ti. Cuanto mayor sea la relación entre la vacante y tus responsabilidades, experiencia y conocimientos, más cerca estarás de pasar el primer filtro. Por eso, lo más importante es el contenido, no tanto el formato, aunque siempre debes prestar atención a la redacción y la ortografía.

Una nota aclaratoria: para ciertas posiciones, como diseñadores o arquitectos, el diseño es crucial (aquí sí aplica «lo importante es la forma»). Los reclutadores prestan especial atención a esto. Por ejemplo, un cliente en la industria de *Beauty Care* buscaba un Coordinador de Arte; en este caso, el diseño del CV, desde el color de la letra hasta el estilo, es fundamental para captar la atención.

Lo más sencillo es buscar plantillas para mejorar el formato. Existen herramientas como Canva que ofrecen plantillas sencillas de modificar, lo cual te dará mayor seguridad en el aspecto visual de tu CV, algo esencial cuando estás en búsqueda de empleo.

Presta mucha atención al elaborar tu currículum. Detalla tus experiencias laborales en términos de metas y logros específicos que hayas alcanzado en cada puesto. Sé conciso, pero detallado en tus logros y destaca lo que te diferencia en cada empleo.

Recuerda todo lo que hemos revisado sobre la marca personal. Debes resaltar tu diferenciador y cómo lo has logrado. Diseña tu propuesta de valor de manera clara y cuidadosa. Tómate el tiempo necesario para escribirla varias veces, leerla y asegurarte de que tenga sentido. Piensa en si te contratarías a ti mismo, considerando que nadie mejor que tú conoce el puesto al que te estás postulando.

Es importante destacar tus Power Skills y cómo los presentarás en una entrevista. Asegúrate de que estén directamente relacionados con el empleo al que te postulas. Todo en tu CV debe estar alineado con la posición que buscas.

Convierte tu perfil de LinkedIn en estelar con parámetros de IA

Aquí todo es estelar, poderoso y mágico, como el *Star System*. El siguiente paso es convertir tu perfil de LinkedIn en algo igualmente estelar, utilizando parámetros de la IA. En una sección especial del libro, consideraremos la importancia de LinkedIn en los procesos de búsqueda de empleo y en temas empresariales.

LinkedIn te ayudará a optimizar tus búsquedas laborales y a mantenerte actualizado con noticias de tu interés. Es una plataforma completa que globaliza el mundo de los negocios; hoy en día, puedes ser contratado en cualquier parte del mundo si decides ampliar tu red. Sin embargo, te recomiendo ser cauteloso con las inversiones en las versiones premium, especialmente al principio, ya que no son económicas. Debes cuidar tu presupuesto y considerar si realmente vale la pena invertir en ellas inicialmente.

Los reclutadores de todo el mundo utilizan LinkedIn como su principal herramienta en los procesos de reclutamiento. Con más de 575 millones de usuarios en el mundo, entenderás que cuantos más contactos tengas, más fácil será llegar a tu próximo empleo. Solo necesitas seguir esta metodología para edificar bien tu perfil.

Metodología para convertir tu perfil de LinkedIn en estelar con parámetros de IA

1. Personaliza tu enlace

Si eres de la generación X, como yo, recordarás que cuando creaste tu cuenta de mail, era superextensa e incluías hasta tu número de nacimiento. Pues error: entre más corta y más fácil de recordar, mejor. Lo mismo pasa con tu enlace, que al momento de diseñarla la colocarás en tu CV de hoy y para siempre, así que cuida que no sea tan extensa.

2. Añade a tus contactos

Lo que te dije: sí, LinkedIn es una red de millones de usuarios en el mundo; entre más amplia sea tu red, mejor. LinkedIn no es una red social, es una red de networking. Aquí debes generar conexiones, no es una red social. Así que prospecta tus contactos y sigue la fórmula de «nadie sabe a quién conocen las personas que tú conoces». Esta frase la aprendí en mis prácticas en una de las redes de *networking* mundiales.

Ahora bien, cuando estás en búsqueda de empleo debes pensar en los superconectores, que son las personas que ya tienen muchos contactos, como los *head-hunters* y todas las personas de RH. Ellos, a su vez, tienen muchos contactos, así que ellos son los primeros que deben estar en tu red de contactos. Prioriza sin piedad con ellos y después busca a los contactos relacionados con la industria a la que quieres pertenecer. En tu *planner*, tienes que identificar las horas que pasarás en esta red, que como todas obedece a un algoritmo. Así que uno de los principios para convertirte en estelar es pasar mucho tiempo en la red, que además aprovecharás bien en tu tiempo de búsqueda de empleo. ¡Mínimo dos horas diarias, aunque estoy segura de que después pasarás más tiempo!

3. Pide recomendaciones

Esto es un paso que nos cuesta mucho dar. Los seres humanos no sabemos pedir, así que te daré una recomendación: el día que pidas, también ofrece. Es decir, una recomendación en LinkedIn es muy valiosa, pues es como cuando recibes una recomendación de un aspirante por escrito, pero esta tiene como diferenciador que refiere quién la da y cuál es la relación a nivel laboral de quien está brindando la recomendación. Así que imagina que tu jefe coloca una recomendación en tu perfil describiendo tus fortalezas como colaborador o tus *skills*. De esa manera, tú también tienes que desarrollar la habilidad de otorgar una recomendación.

4. Visibilidad

LinkedIn, como las otras redes, obedece a un algoritmo que además cambia constantemente. Así que una de las sugerencias para hacerte visible es pasar tiempo en la red. Pero antes que nada quiero que tengas claro a qué me refiero con visibilidad. La visibilidad en LinkedIn es la posibilidad que tienes de aparecer en los primeros sitios de búsqueda cuando algún reclutador o proveedor esté buscando un perfil como el tuyo. Es decir, LinkedIn también funciona como un buscador. Así que nosotros, los reclutadores, colocamos en el buscador la palabra clave de lo que necesitamos buscar.

Por ejemplo, al escribir «Customer Success Manager» me aparecerán los primeros *Customer Success Managers* que cuenten con mayor visibilidad. ¿Y qué fue lo que ellos hicieron para tener más visibilidad? Pues esto que te acabo de decir: siguiendo del 1, 2, 3 y 4, pasar tiempo en esta red, hacer comentarios, participar con tu red, y la red te solicitará más participación a medida que aumentes tu visibilidad siendo generador de contenido, haciendo publicaciones, ingresando a sus programas de learning, etc. Sé un participante activo.

5. Descripción de tu perfil con parámetros de IA

Así como desarrollaste tu CV, tendrás que desarrollar tu Perfil Estelar en LinkedIn, y lo más importante es la selección de tus palabras clave (*keywords*). Estas son las palabras clave con las que será fácil encontrarte para los reclutadores. LinkedIn tiene su propio parámetro que te permite ver la opción de palabras clave más adecuada según todo lo que estás escribiendo.

Aquí es importante que definas cuáles serán esas palabras clave y las puedas colocar en la primera parte de tu perfil con IA. Puedes seleccionar varias palabras clave que puedes separar con diéresis. Te voy a poner un ejemplo: si yo soy una profesional consultora especializada en aplicar normativas, debo escribir algo así: *Certificador NOM035 / ISO9001 / ISO 2009* y así en orden de importancia, con cuáles normas pueden buscarme los reclutadores según mi experiencia.

6. Certificaciones y skills con parámetros de IA

Busca y describe cuáles son tus certificaciones. Como ya te mencioné, al ser una red de *networking* global, las certificaciones nos permiten conocer tus últimas actualizaciones. Las cédulas profesionales tienen validez porque los estudios de los profesionales deben ser renovados y actualizados. Por eso, busca y pon atención en renovar tus certificaciones y *skills*. La plataforma te ofrece opciones de habilidades y solo debes elegir las que consideres más cercanas a tu perfil.

Por otro lado, ten en cuenta lo que ya definiste en tu CV. Recuerda que ya elaboraste tu CV utilizando los parámetros de la IA, así que utilízalos en tu perfil de LinkedIn. También cuenta con un botón que personaliza tus datos con IA. Solo date cuenta cuál opción te da más sentido. En ocasiones, he visto que me gusta más cómo lo describí en un CV que las opciones de la IA de LinkedIn, pero también cuentas con esta opción.

7. Describe tu trayectoria laboral

LinkedIn no tiene los límites de un CV. Para la parte de la descripción de tu trayectoria profesional, una de mis sugerencias es que puedes extenderte si así lo necesitas. Es decir, para personas que tienen una amplia trayectoria laboral, el CV se vuelve limitativo, pero LinkedIn te lo permite. Mi sugerencia es que muestres la relevancia de cada elemento que describirás, encuentra las metas profesionales y logros de cada uno de tus empleos. Como ya hicimos un trabajo con tu CV, puedes tenerlo como referencia. Aquí puedes explayarte, pero ten en cuenta que el tiempo es oro, así que trata de ser muy cuidadoso con lo que escribes y que realmente sea relevante.

8. ¿Qué tienen ellos que no tengo yo?

Este es un ejercicio muy confrontativo. Después de revisar del punto 1 al 7, te comparto unos perfiles de LinkedIn que, en mi experiencia, cubren todo para ser un perfil estelar, y te pido que busques las diferencias con tu perfil.

Hoy tienes una herramienta superpoderosa con LinkedIn. Tienes la oportunidad de ver qué hacen los profesionales en el puesto y la empresa donde tú quieres estar. ¡Sí, así es! Imagina darle una mirada a los logros de ese profesionista que ya lleva una trayectoria en la empresa o la industria donde quieres estar. Describe cada una de las funciones que está realizando en este momento, puedes ver sus contactos y con quién se relaciona, los estudios, las actualizaciones que tiene y los puestos en los que ha participado en la organización. ¿Te das cuenta? La información es poder, y ahora puedes utilizar esta información para motivarte y saber dónde estás parado.

¡Te recomiendo darle una vista a los perfiles que la plataforma denomina *Top Voices*! Esta insignia habla de la trayectoria de los líderes de opinión en LinkedIn y verás por qué se han ganado esta insignia.

Capítulo 7
El poder de la visibilidad laboral

El 80% del éxito es mostrarte.

Woody Allen

Otra poderosa herramienta que te ayudará en tu proceso de búsqueda laboral y que deberás continuar desarrollando a lo largo de tu vida profesional es el poder de la visibilidad laboral.

Hablando del poder de la visibilidad laboral, quiero compartirte la historia de una mujer que admiro profundamente: **Malala Yousafzai**. Malala es una destacada activista pakistaní que se convirtió en un símbolo internacional de la lucha por la educación de las niñas al oponerse a las restricciones impuestas por los talibanes en Pakistán. A los 15 años, sufrió un atentado el 9 de octubre de 2012, y tras varias cirugías y estar al borde de la muerte, Malala recibió el Premio Nobel de la Paz en 2014 a los 17 años, convirtiéndose en la persona más joven en obtener este galardón en cualquier categoría.

¿Cómo logró Malala obtener visibilidad? Fue gracias a su valentía y coraje constantes. Una de las frases más influyentes de Malala es: «libraremos una gloriosa lucha contra el analfabetismo, la pobreza y el terrorismo; tomaremos nuestros libros y lápices porque son armas más poderosas».

Hoy, Malala, a sus 26 años, reside en el Reino Unido y sigue luchando por los derechos de las mujeres en la educación. Su visibilidad le ha permitido ser reconocida a nivel mundial y obtener beneficios para sus fundaciones, convirtiéndose en un ejemplo para niñas y mujeres en todo el mundo.

Recientemente, en mi pódcast *Taleteando*, tuve el placer de conversar con una experta en visibilidad laboral, Tania Pimentel, fundadora de *Women Index*, una plataforma digital que reúne a mujeres de todas las profesiones para dar visibilidad a su trabajo. Tania fue la ganadora de la primera temporada de *Escuela de Imparables*, el primer reality de mujeres emprendedoras de América Latina producido por E! Entertainment.

Durante nuestra conversación, Tania me explicó qué significa la visibilidad y por qué es esencial destacar tu labor profesional en la actualidad. En un entorno donde encontrar empleo y destacar se vuelve cada vez más desafiante debido a la creciente especialización, es crucial aprender a ser visible y destacar. Aquí te comparto algunas estrategias para comenzar este camino hacia la visibilidad laboral experta.

Estrategias para lograr la visibilidad

Aquí te presento algunas estrategias clave para lograr tu visibilidad profesional:

- **Desarrolla tu marca personal**: comienza por entender qué te hace único. Define claramente tus fortalezas y diferenciales frente a la competencia. Diseña y potencia tu marca personal para destacarte en tu campo.

- **Construye tu red de contactos**: busca activamente organizaciones o grupos que promuevan la visibilidad profesional. Estas redes te ayudarán a establecer relaciones valiosas en tu industria.

- **Capacítate en herramientas digitales**: aprende y domina herramientas digitales que te permitan destacar y ser visible en tu ámbito laboral.

- **Networking efectivo**: el *networking* es esencial. Desarrolla relaciones positivas y auténticas que te permitan poner en práctica tu marca personal y aumentar tu visibilidad laboral.

- **Busca mentores**: acércate a personas que admires y busca mentores dentro de tu empresa o programa de estudios. Aprovecha su experiencia para crecer profesionalmente.

- **Aprende a vender y cobrar por tu trabajo**: capacítate en estrategias de ventas y negociación. Aprender a vender tus ideas y a valorar tu trabajo es clave para el éxito profesional.

- **Propón tus ideas sin miedo**: practica proponer tus ideas regularmente hasta que se convierta en algo natural en tu día a día.

- **Participa en eventos profesionales**: asiste a congresos, seminarios y eventos relacionados con tu área de interés. Estos eventos te brindarán conocimientos y oportunidades de establecer conexiones valiosas en tu campo.

Estas estrategias te ayudarán a destacarte, fortalecer tu presencia profesional y maximizar el uso de tus talentos en el mercado laboral.

Cuando te adentras en el aprendizaje de la visibilidad laboral, es crucial comprender qué significa realmente. La visibilidad laboral te ayuda a priorizar y valorar lo más importante en tu actividad profesional, además de gestionar eficazmente tu tiempo y recursos. Por ejemplo, si decides capacitarte en temas digitales y utilizar tus recursos para mejorar tu presencia en redes sociales, es probable que necesites la orientación de un experto.

Te invito a definir cuidadosamente tu marca personal para tener claridad sobre tu público objetivo y los temas que puedes abordar. Esto te permitirá optimizar el uso de tu tiempo y recursos de manera efectiva. Es esencial seleccionar los formatos en los que te sientas más cómodo. No es necesario estar presente en todas las redes sociales; es más recomendable concentrar tus esfuerzos en los canales que te permitan proyectarte de manera auténtica hacia tu audiencia objetivo.

Mantener un esfuerzo constante en tu visibilidad laboral no solo es crucial para tu búsqueda de empleo, sino también para tu desarrollo dentro de una organización. Te animo a no limitar la visibilidad solo al ámbito digital. Considera también las interacciones que tienes en tus principales entornos, como clubes sociales, lugares de culto, comunidad local y la escuela de tus hijos. Fomenta relaciones productivas y participativas en cada una de estas áreas.

Recuerda que tu marca personal se refleja en todo lo que haces y dices. Aprovecha cada oportunidad para crear conexiones significativas y fortalecer tu presencia de manera auténtica en todos los aspectos de tu vida profesional y personal.

Networking

El *networking* es un ejemplo de construir relaciones laborales o comerciales con un objetivo. «Network» significa red, y describe un entramado de intereses y contactos entre personas afines.

Este programa de empleabilidad persigue un orden: primero construyes tu objetivo laboral, diseñas tu marca personal, elaboras tu CV y perfil de LinkedIn, y empiezas a construir tu visibilidad laboral. Una de las herramientas es el *networking*. La «red de contactos» de cada uno va más allá de los amigos: la forman aquellas personas de nuestro entorno personal y profesional con las que compartimos experiencias, intereses u otros contactos. Cuanto más grande sea tu red, más oportunidades tendrás de entrar a tu próximo trabajo.

Nuestro *networking* es esencial para:

- Identificar oportunidades profesionales.
- Actualizar nuestros contactos.
- Ampliar nuestros contactos para hacer crecer nuestra red.

En mi experiencia, las personas que encuentran trabajo con mayor facilidad suelen obtenerlo a través de recomendaciones. Según datos del *networking*, «más de la mitad de los candidatos recolocados (52%) se reincorpora al mercado laboral y consigue un puesto de trabajo, según muestra el XIII Informe Lee Hecht Harrison sobre *Outplacement*». Además, 8 de cada 10 personas consiguen empleo mediante una recomendación.

En Brasil, conocí a una amiga que había vivido en varios países debido a los trabajos de su marido como expatriado. Lamentablemente, en 2018, su proyecto llegó a su fin y al regresar a Brasil, tuvo dificultades para encontrar empleo debido a la falta de contactos laborales después de casi 17 años fuera del país. Cuatro años más tarde, logró colocarse gracias a la recomendación de un amigo en una empresa de inversión extranjera. Esto demuestra que el networking puede tener excelentes resultados para conseguir un nuevo empleo.

El *networking* comienza desde que tienes la capacidad de generar relaciones de amistad, incluso durante tu etapa de educación formal inicial. Muchas veces, tus mejores amigos son aquellos que conociste en esta etapa y si tienes la suerte de mantener esas relaciones, pueden prosperar. Las relaciones más valiosas suelen formarse durante la universidad. Tus compañeros de estudio durante cuatro años son parte de tu misma generación y es probable que ocupen puestos importantes en empresas o sean dueños de negocios a los que podrías unirte en el futuro. Es sorprendente que las universidades no enseñen asignaturas dedicadas al *Networking Laboral I y II*.

Las maestrías o especializaciones también son excelentes oportunidades para ampliar estas relaciones. Sin embargo, es crucial tener en cuenta tu marca personal, como le digo a mi hijo adolescente. Todo lo que haces, dices y cómo te desenvuelves representa tu marca personal. Por lo tanto, estas relaciones pueden ayudarte o perjudicarte, dependiendo de lo que aportes a ellas. Seguramente recuerdas a compañeros de clase que no destacaban por su rendimiento académico o productividad, mientras que otros generaban cuestionamientos interesantes y deseabas tenerlos en tu equipo de trabajo. Esto es el poder de la marca personal en acción.

Te dejo este ejercicio para comenzar a desarrollar tu *Networking* laboral:

- Escribe un mensaje que te ayude a iniciar una conversación para conseguir tu próximo empleo.
- Lee tu mensaje y piensa si te da sentido y si ese mensaje te acercará a tu próximo empleo.
- Revisa tu agenda de contactos.

- Construye una lista de personas con quienes tengas una mejor relación y a quienes te sea más sencillo generar una llamada (tu primera esfera de contactos), pueden ser amigos, vecinos, exjefes, excolegas, gente que tengas en tu radar más próximo.

- Esa será tu primera lista de personas con quienes te pondrás en contacto. Siempre busca generar una llamada, no lo hagas mediante un mensaje de texto.

- Muestra siempre disposición para tener una conversación presencial, pero en caso de que no sea posible, verifica que el mensaje sea claro y que haya posibilidad de una entrevista.

- Agradece el tiempo y siempre deja la oportunidad para un segundo encuentro, como: «si te queda bien, te llamo en una semana para vernos».

- Comienza a generar una segunda lista de contactos (segunda esfera) que sean gente como tus exjefes o excolegas, o personas que no sean tan cercanas, pero posibles conectores, son personas de tu medio laboral. Si estuviste en alguna maestría o algún curso, estas personas también están en el mismo radar. Quizás solo mantuviste un tipo de contacto, pero pueden propiciar un contacto con tu próximo empleo.

- Realiza los mismos pasos, intentando presentarte en caso de que ya no cuentes con una relación cercana, y da paso al envío de tu CV y genera una relación de comunicación.

- Tercera lista de contactos (tercera esfera de contactos): esta lista irá creciendo con gente que está buscando una posición similar a la tuya ya sea en LinkedIn, que es la red de contactos que puedes desarrollar más. Aquí el mensaje será por escrito, buscando una primera conexión y seguimiento de tu proceso.

Activa tu *networking*

Además, Internet (plataformas de empleo, sitios web corporativos, etc.) es el método mediante el cual 2 de cada 10 candidatos logran empleo. En menor medida, están las candidaturas que se tramitan a través de un intermediario (7%) y el 1% que consigue empleo gracias al *redeployment*, cuando un candidato se recoloca en otra posición dentro de la misma compañía.

Los porcentajes de personas recolocadas a través de la red de contactos varían considerablemente según la comunidad autónoma. En España, el rango va del 68% de personas recolocadas mediante recomendaciones. Estos datos te brindan una idea más clara del poder del *networking* laboral.

¿Qué es el *networking*? Es la habilidad para gestionar tus redes de contactos. Considero que las escuelas tienen el potencial de ser generadoras de estas redes. Desde que estudiamos, buscamos relacionarnos con nuestros compañeros y seguramente recuerdas que desde niño sabías quiénes tenían grandes posibilidades de destacar. Existe algo llamado «la geografía del salón de clases», donde cada alumno va definiendo sus intereses y comportamiento, que a menudo no difiere de su comportamiento como adulto. Los compañeros se distinguen por ser estudiosos, participativos, deportistas, inquietos, etc. Si seguimos en contacto con nuestros compañeros de escuela, a menudo vemos que siguen un camino con pocas diferencias, ¿verdad? Este es un experimento importante. Piensa en tus compañeros de escuela primaria y contáctalos para descubrir sorpresas interesantes.

Si seguimos desarrollando estas redes de contacto, cada vez que necesitemos colaboración de nuestros compañeros, nos será muy fácil activar este *networking*. Aún hay personas que me preguntan «¿cómo empiezo?». Estas personas han olvidado toda la red que han construido desde sus primeros años escolares. Si estás leyendo esto y aún estás en la universidad, te sugiero que priorices desarrollar tus redes de contactos. Familiarízate con tus compañeros, que serán los futuros ejecutivos con los que te relacionarás en el mundo empresarial. Te será muy fácil no solo activar, sino también mantener tu red de *networking*.

Empieza por agendar en tu *planner* los días en que realizarás llamadas a tu red de *networking*. Selecciona a qué contactos quieres contactar, especialmente aquellos que puedan estar relacionados con tu próximo empleo o la empresa donde deseas colaborar. Si no tienes sus datos actualizados, recuerda que tienes tu red de LinkedIn.

Es el momento de activarla más y comenzar a contactar a todos tus excompañeros universitarios. LinkedIn es la red más confiable para asuntos laborales, comerciales y de negocios. Recuerda que pedir empleo es como salir a vender algo, siempre estás vendiendo una idea: a tu mamá, a tus amigos, a tu pareja, a tus hijos. Esto implica aprender a desarrollar la habilidad de vender tus ideas.

Dedica tiempo a desarrollar tus contactos y no despersonalices tus mensajes. Evita los mensajes de texto genéricos que pueden pasar desapercibidos. Nunca sabes quién conoce a la persona que conoces; es posible que un contacto te acerque a tu próximo empleo aunque no esté directamente relacionado. Dedica tiempo y esfuerzo a ampliar y mantener tus contactos.

Conecta a tu red a través de la empatía

Dale la seriedad necesaria a esa llamada. Te recomiendo que, además de saludar a tu contacto, le preguntes cuál es el mejor momento para hablar. Esta simple pregunta no solo te acerca a tu interlocutor, sino que también fomenta la empatía y probablemente recibirás una mejor respuesta. Si la llamada se convierte en una reunión, procura que sea lo más formal posible; incluso un café puede ser suficiente para que el mensaje principal no se pierda. Recuerda que la empatía es una habilidad interpersonal importante que implica conectar con los demás poniéndote en su lugar. Si sientes que aún no has desarrollado esta habilidad, te recomiendo aprender más sobre ella.

Otra forma de mantenerte activo en tu red de *networking* es asistir a reuniones organizadas por las universidades, donde se promueve la participación de exalumnos para encontrarse y ponerse al día. Además, considera retomar los estudios en maestrías o especialidades. Esto te permitirá ampliar tu red de contactos con personas que se desenvuelven en tu campo profesional.

Una persona que busca empleo realmente desea una posición donde pueda demostrar su valor. Ya tienes ese valor; piensa en qué puedes aportar a la persona con la que quieres contactar.

Social selling: el resultado de la reputación y el *networking*

¿Qué es el *social selling*?

El *social selling* o venta social es un enfoque de las ventas y el *marketing* que utiliza las plataformas de las redes sociales para conectar con clientes potenciales, establecer relaciones e impulsar las ventas. Es un tipo de venta basada en las relaciones que utiliza redes sociales como LinkedIn, Facebook, Instagram y Twitter para encontrar clientes potenciales, captar clientes potenciales y convertirlos en clientes de pago.

¿Cómo empezar a usar el *social selling*?

Al igual que la mayoría de las tendencias de *e-commerce*, el *social selling* conlleva su propio conjunto de ventajas y desafíos. Recuerda que no se trata solo de un canal adicional para tu marca, sino uno más complejo, que implica aspectos como el proceso de venta, el *marketing*, la atención al cliente, tanto pública como privada; la exposición de los productos, configuración y actualización de los catálogos, los enlaces de conexión. Y la lista continúa. Con la suficiente planificación y un buen enfoque, los comerciantes pueden disfrutar de los beneficios de adoptar esta estrategia de ventas.

El *social selling* es una estrategia que combina dos factores: tu reputación digital y tu red de contactos. Bien planteado, te aporta estos beneficios:

- ***Social proof***. Credibilidad de la marca. Una de las ventajas más fuertes de las redes sociales se llama *social proof* (prueba social, en traducción libre). Eso es también algo en lo que los seres humanos se basan en gran medida cuando se comportan en sociedad, por lo que tener a alguien en quien sus clientes confían, proporcionándoles opiniones y contenido de un producto específico, es bueno para la credibilidad.

- **Visibilidad de la marca**. Es más probable que los clientes descubran tus productos al navegar por las redes sociales que al ir directamente a tu sitio web. Esto es muy bueno para las pequeñas y medianas empresas porque ahora pueden llegar a un público totalmente nuevo.

- **Conveniencia**. Una buena experiencia de compra debe ser sin fricciones y lo más rápida posible. Las compras sociales eliminan los pasos adicionales, y ayudan a los clientes a conseguir rápidamente lo que necesitan.

- **Experiencia mejorada para el cliente**. Las redes sociales permiten a los clientes estar más cerca de la marca comentando, interactuando y enviando preguntas. Estar más atento a estos clientes es clave para mantener una base de aficionados leales, y alimentar a los consumidores que eventualmente promoverán tu marca orgánicamente entre sus amigos y seguidores.

De acuerdo con **LinkedIn**, estos son cuatro aspectos clave para hacer venta social:

1. **Potencia tu marca personal**. Haz hincapié en cómo te presentas (perfil en redes) y en cómo te diferencias. ¿Qué aspectos de tu propuesta te hacen diferente y cómo los traduces en beneficios para tu cliente?

2. **Comparte contenido de calidad**. El contenido completa tu perfil y clarifica tu propuesta de valor, te define y te diferencia a los ojos de tu posible cliente.

3. **Encuentra a las personas adecuadas**. ¿Cómo es tu red de contactos? ¿Con qué tipo de perfiles te relacionas? ¿Son mayoritariamente contactos de esferas ajenas a tu profesión o son de tu campo? ¿Tienes potenciales clientes en tu red?

4. **Crea relaciones**. Las redes sociales se llaman «sociales» porque lo son. La idea es relacionarse. En *social selling*, la relación es profesional desde una órbita personal.

Me gustaría compartir contigo los 7 elementos que pueden afectar tu visibilidad y cómo superarlos:

1. **Querer lograr la visibilidad de manera instantánea**. La «marca personal exprés» no existe. Las marcas se construyen con el tiempo y requieren una estrategia bien definida a largo plazo con objetivos claros.

2. **Confundir discreción con silencio**. Cada uno de nosotros es la principal fuente de información sobre sí mismo. Debemos comunicar efectivamente los valores de nuestra marca personal. La tentación de mantenerse en silencio y esperar a ser descubierto es común, especialmente entre mujeres y baby boomers.

3. **Ignorar nuestra huella digital**. Es esencial conocer y gestionar nuestra huella digital para que sea coherente con nuestra marca personal. Realizar un seguimiento de lo que Google dice de nosotros puede ayudarnos en este aspecto.

4. **Evitar la verborrea y publicar por publicar**. El ruido sin valor no contribuye a ser relevante. Es importante ser selectivos con nuestras publicaciones y considerar su impacto en nuestra marca personal.

5. **Pensar que nuestro mercado es todo el mercado**. Nadie puede abarcar todo el mercado. Es crucial segmentar y dirigirnos solo al público interesado en nuestra propuesta.

6. **No enfocar el networking en el beneficio mutuo**. Nuestra red de contactos es valiosa para nuestra marca personal. Debemos pensar en cómo podemos aportar valor a nuestros contactos antes de pensar en lo que podemos obtener de ellos.

7. **Descuidar la privacidad**. La identidad y la privacidad son retos importantes en la era digital. Debemos decidir cuánto queremos que nuestra vida privada sea pública y gestionar nuestras redes sociales de manera coherente con nuestra marca.

Capítulo 8
Conviértete en el aspirante que nadie olvida

Esfuérzate no para ser un éxito, sino para ser de valor.

Albert Einstein

Ahora que tienes claro tu propósito laboral, estamos avanzando hacia el siguiente paso. Este libro te guiará para convertirte en el candidato inolvidable, en ese aspirante extraordinario. Si estás en proceso de búsqueda de empleo y has asistido a una entrevista laboral, seguramente te han preguntado: «¿cómo te fue en la entrevista?», «¿qué tal te fue?», «¿cómo te sentiste?». Aunque la mayoría de las veces las respuestas suelen ser evasivas, siempre sabes la respuesta. Esta depende de tu desempeño en la entrevista.

La entrevista laboral es la piedra angular de cualquier proceso de reclutamiento y selección. Es el momento en el que te das a conocer, donde demuestras que eres la persona ideal para el puesto, que posees los conocimientos, habilidades y actitudes que encajan con el perfil y la cultura de la empresa. Representa el punto crucial en la contratación de personal, ya que permite descubrir las capacidades y habilidades reales del candidato y evaluar si cumplen con los requisitos y expectativas de la empresa.

Durante la entrevista laboral, el reclutador busca asegurarse de que las habilidades del candidato se alineen con las necesidades del puesto. Este objetivo se logra mediante diversas metodologías, que incluyen:

1. Conocer al aspirante a fondo, aprovechando el tiempo que dura la entrevista, que puede variar de 30 minutos a 2 horas.
2. Explorar su trayectoria profesional, habilidades técnicas y blandas, así como comprender qué lo motiva a formar parte de la organización y si su personalidad se ajusta a la cultura de la empresa.
3. Evaluar la experiencia del candidato en relación con los requisitos del puesto, tanto en términos de habilidades técnicas como interpersonales, y determinar si sería un buen complemento para el equipo.
4. Confirmar la información proporcionada en su currículum y profundizar en su historial laboral y logros.

Para alcanzar estos objetivos, existen varios tipos de entrevistas, entre las cuales se incluyen las entrevistas presenciales y en línea, así como otras modalidades como las entrevistas de casos, por competencias y los *assessment*, entrevista de panel, te comparto algunos ejemplos:

- **Entrevistas de casos**: estas entrevistas se centran en evaluar cómo el candidato aborda un problema propuesto por el reclutador, no buscando una respuesta correcta o incorrecta, sino la capacidad para resolver eficazmente situaciones problemáticas.
- **Entrevistas por competencias**: también conocidas como «entrevistas facilitadoras», buscan que los candidatos demuestren sus habilidades y actitudes a través de anécdotas y ejemplos de experiencias laborales anteriores.
- *Assessment*: estas entrevistas tienen un enfoque psicológico y suelen ser conducidas por profesionales especializados en el área. Sin embargo, el personal de recursos humanos o reclutadores externos también pueden llevar a cabo este tipo de evaluación.

Ahora bien, a estas alturas ya tienes claro tu propósito laboral y personal. Has investigado sobre la empresa donde estás participando, y eso es crucial. ¿Cómo puedes comprometerte con un lugar que no conoces? Una de las líderes de opinión en temas de Recursos Humanos más destacadas, Pilar Jericó, ha comentado en alguna de sus ponencias sobre «la Guerra por el talento en Silicon Valley», donde menciona que el profesional es el rey. Hoy en día, la orientación al logro y la capacidad de aprendizaje son habilidades muy valoradas por las empresas. El mercado se ha vuelto más minucioso al reclutar talento, pero a su vez, el talento también se ha vuelto más exigente. Los jóvenes buscan experiencias, no solo trabajos.

Entiendo que esto sea así, ya que hoy en día tienes todas las herramientas para investigar a fondo sobre las organizaciones. Puedes conocer todo acerca del puesto al que estás aplicando e incluso obtener información sobre la persona que ocupa actualmente ese puesto. Como dicen por ahí, «la información es poder», y debes utilizar ese poder a tu favor. Por lo tanto, es crucial que te prepares adecuadamente para la entrevista laboral.

Antes de darte recomendaciones para convertirte en el candidato inolvidable, quiero explicarte por qué insisto en esto. Los reclutadores no olvidamos a nuestros mejores entrevistados, ¿sabes por qué? Porque el 80% de las vacantes en el mercado no se anuncian públicamente; son creadas según las necesidades del día a día. Es por eso que a veces escuchas frases como: «para el puesto al que te postulas no tengo nada disponible, pero tengo otras posiciones que podrían interesarte». Esto sucede más a menudo de lo que crees. Los reclutadores reconocen diversos talentos en los candidatos y no quieren dejarlos escapar. Este tipo de vacantes, que no se anuncian públicamente, se conoce como el mercado laboral invisible, y hoy en día es cada vez más común debido a la evolución constante de las empresas y las nuevas necesidades laborales que van surgiendo. Por lo tanto, debes estar preparado para aprovechar estas oportunidades.

El mercado laboral oculto

El mercado laboral oculto o mercado invisible es algo en lo que enfatizo mucho durante el proceso de entrevista, especialmente en las entrevistas técnicas. Generalmente, en esta etapa ya formas parte de una terna de aspirantes preseleccionados para la posición, donde típicamente hay entre 3 o 4 participantes. El poder de tu historia se reflejará en este mercado laboral oculto, conocido también como el mercado invisible, que representa aproximadamente el 80% de las posiciones laborales que no se publican en ningún sitio de búsqueda de empleo, pero que son las necesidades reales de las organizaciones.

Cuando te preparas para una entrevista laboral, el reclutador o entrevistador considera: «esta persona es un talento que no puedo dejar escapar». Es por eso que, aunque inicialmente puedan decirte que no hay disponibilidad para la posición específica, es común escuchar frases como: «no para esta posición, pero veo potencial en otra posición».

¿Cómo acceder al mercado oculto o invisible?

Cuando las personas acuden a mí para consultoría o programas de búsqueda de empleo, me gusta proporcionarles datos que les hagan reflexionar sobre su posición actual y sus iniciativas. Del mismo modo, querido lector, al llegar a los últimos capítulos de este libro, habrás recorrido información crucial. A estas alturas, debes estar trabajando con tu agenda y, si has seguido cada paso, probablemente te encuentres en procesos de entrevista. Por eso quiero hablarte sobre el mercado oculto, que representa casi el 80% de las vacantes en las organizaciones, y lo denominamos así porque estas posiciones no están anunciadas en ningún lugar.

Si eres reclutador, seguramente estarás de acuerdo en que muchas veces los empleadores no tienen definidas las vacantes que necesitan cubrir. Estas vacantes surgen según las necesidades diarias de la organización y del mercado, por lo que no se publican abiertamente. Sin embargo, cuando los aspirantes acuden a una entrevista, los reclutadores suelen decirles: «la vacante para la que te postulaste no es adecuada para ti, pero tengo otra que podría encajar con tu perfil». Así es como se cubren las vacantes del mercado oculto.

Por tanto, es crucial que todas las herramientas de tu proceso estén unificadas: desde tu CV y tu perfil destacado en LinkedIn hasta tu *networking* laboral y tus entrevistas, todas deben ofrecer la información necesaria sobre tu experiencia profesional y lo que te hace un aspirante potencial para una organización.

Quiero compartirte algo interesante relacionado con la trayectoria profesional. Esta semana, he estado apoyando en un proceso de reclutamiento para una posición bastante compleja, un *Senior Strategic Account Manager*. Un detalle que ha llamado mucho la atención es la poca estabilidad en los trabajos de los aspirantes: 1 mes, 6 meses, sin continuidad clara. Lo más que he visto son 2 años de estabilidad.

Aquí viene algo interesante: el término «senior» o «junior» que seguramente has visto en los anuncios de empleo, se refiere a la experiencia en cada posición. Por ejemplo, un «junior» puede ser alguien que ha trabajado en una posición durante 2 o 3 años, con experiencia reciente. Luego, pasaría a una posición «junior» y luego a «senior» tras al menos 3 años adicionales de experiencia.

Esto significa que una persona etiquetada como «senior» tiene al menos 5 años de experiencia en un nivel más alto de responsabilidad y experiencia. Por lo tanto, es importante considerar la diferencia entre ser «junior» y «senior» en una organización. Cambiar de empleo cada seis meses dificultará adquirir esta experiencia.

Es crucial tener en cuenta la relación entre la experiencia y la edad. Por ejemplo, una persona de 30 años debería tener al menos 5 años de experiencia establecida para ser considerada seriamente en entrevistas.

¿Sabes por qué me gusta compartir el dato del mercado invisible?

Para que las personas en búsqueda de empleo puedan deshacerse del prejuicio de que encontrar trabajo es muy difícil. Desde el 2020, los reclutadores en todo el mundo estamos enfrentando una crisis de talento. Tres de cada diez reclutadores no logran cubrir sus vacantes en los plazos asignados. Los requisitos previos que las organizaciones establecen para encontrar talento son cada vez más rigurosos, y el talento también ha cambiado la forma en que busca trabajo y se interesa por las vacantes a las que se postula. Todo esto aumenta las oportunidades para quienes buscan su próximo empleo.

Es importante considerar el tiempo medio que se necesita para encontrar trabajo en tu país. Aquí te comparto algunos datos que he revisado sobre las mejores épocas para buscar empleo, o mejor dicho, las peores temporadas para la empleabilidad. Las temporadas de mayor contratación están relacionadas con las estacionalidades de los negocios. Por ejemplo, las empresas de consumo tienen picos de contratación entre octubre y enero debido a las mayores ventas durante la Navidad y los aguinaldos. Sin embargo, muchas de estas vacantes son temporales, así que debes tenerlo en cuenta si no estás buscando un empleo temporal.

Existen épocas como los cambios de gobierno en las que los países experimentan inestabilidad financiera y los empresarios evitan hacer muchas contrataciones. Durante estas épocas, te recomendaría mantener tu empleo actual. Sin embargo, siempre hay oportunidades laborales. En reclutamiento, nuestra temporada alta va de agosto a enero, ya que ofrecemos servicios a empresas de consumo que necesitan personal temporal.

También es importante mencionar que algunas personas deciden cambiar de trabajo al final del año, como una forma de comenzar nuevas etapas en el año nuevo. Como puedes ver, durante todo el año existen grandes posibilidades de encontrar empleo.

Durante la pandemia, hubo despidos masivos en algunas empresas, pero otras experimentaron un crecimiento significativo. Te invito a conocer más sobre el sector en el que deseas trabajar. Esto te dará más seguridad en tu búsqueda laboral. Además, infórmate sobre la media de contratación en tu país. Por ejemplo, en México, una persona suele ser contratada nuevamente en los seis meses posteriores al inicio de su búsqueda. Sin embargo, con nuestro método, te garantizo que será antes.

Capítulo 9
Prepárate para tu entrevista laboral: la magia del *storytelling*

> *Inventamos las ficciones para poder vivir de alguna manera las muchas vidas que quisiéramos tener cuando apenas disponemos de una sola. Cuando la realidad se vuelve irresistible, la ficción es un refugio. Refugio de tristes, nostálgicos y soñadores.*
>
> **Mario Vargas Llosa**

Uno de mis escritores favoritos es Mario Vargas Llosa, un autor peruano galardonado con el Premio Nobel y reconocido por sus contribuciones a la literatura, especialmente a través de la novela. Vargas Llosa tiene una forma única de narrar sus historias, que algunos críticos sugieren está inspirada en escenas o pasajes de su propia vida. Si tienes la oportunidad de leer alguno de sus libros, podrás apreciar su estilo distintivo para contar historias.

El poder de contar nuestras propias historias nos convierte en buenos oradores, y esto tiene una relevancia especial en el proceso de reclutamiento: es la magia del storytelling. La forma en que narras tu propia historia tiene un impacto significativo en este proceso. Durante todas las etapas de la entrevista, desde describir tu trayectoria profesional hasta destacar tus logros y habilidades, la manera en que respondes preguntas como «cuéntame algo sobre ti» es crucial. Ten en cuenta que los reclutadores disponen de pocos minutos para conocer a los aspirantes y evaluar su potencial para el puesto que se busca cubrir.

Como he compartido en este libro, cada vez buscamos más cualidades específicas en los nuevos talentos. Por eso, quiero hablar del poder del storytelling en el proceso de reclutamiento, y también como una habilidad fundamental que debes desarrollar a lo largo de tu carrera profesional. El storytelling te permite identificar lo que es prioritario y establecer elementos clave en tu oratoria, especialmente para roles ejecutivos.

¿Alguna vez te has enfrentado a la dificultad de comunicarte efectivamente con ciertas personas? Durante tu proceso de entrevista, puedes implementar estrategias de storytelling que exploraremos en detalle en este capítulo para mejorar la comunicación y destacar tu perfil de manera impactante.

La magia del *storytelling*

El poder de la historia que vas a contar debe tener una relación directa con tu audiencia. Por lo tanto, es fundamental definir quién te escuchará y qué es lo que esa persona quiere saber. En una entrevista laboral, la conversación se centra en las respuestas que el reclutador espera escuchar, pero tú debes presentarte de manera efectiva y dirigir la atención hacia tus diferenciadores.

Tómate tu tiempo para escribir lo que quieres que el reclutador conozca de ti. Tu objetivo es crear una impresión memorable que te mantenga en su radar. Después de escribirlo, revísalo para asegurarte de que tenga sentido y sea efectivo. Practica y mejora tu narrativa en cada entrevista que tengas.

Cuando tengas la oportunidad de conectar con otras personas, podrás poner en práctica nuevamente el poder del storytelling. Saber comunicar nuestras ideas es un arte. Debes aprender a ser un buen orador para que tus ideas generen una conexión.

En el mundo del entretenimiento, los buenos actores son excelentes contadores de historias. Confiamos en ellos y nos cautivan con su actuación. Estos actores estudian meticulosamente a sus personajes y diálogos para ofrecer una actuación extraordinaria. En tu caso, debes prepararte para contar tu propia historia.

Una técnica útil es el Elevator Pitch, donde dispones de solo 2 a 5 minutos (la duración de un trayecto en elevador) para contar tu historia de manera convincente. ¿Por qué? Porque las oportunidades pueden surgir en cualquier momento y lugar. Si te encuentras en un elevador con la persona adecuada y no estás preparado, podrías perder una gran oportunidad.

En una entrevista laboral, dispones de muy poco tiempo para que el reclutador conozca tu experiencia y tus habilidades. Debes aprovechar esos minutos de manera efectiva, especialmente en un mundo lleno de distracciones como los teléfonos móviles y los mensajes constantes. Necesitas contar una historia que capte la atención de inmediato y demuestre tu valor como profesional.

Para lograr esto, existen metodologías como la propuesta por Donald Miller en su libro *Cómo construir una storybrand*, que ofrece un método detallado con ejercicios para desarrollar tu propia historia de marca. Miller se centra en resolver problemas para tus clientes como base para construir tu marca. Es esencial mostrar el valor agregado que puedes aportar a través de tu narrativa.

Una de las ideas más interesantes de Miller es cómo ver el final de una historia una vez que tienes el principio establecido. Esto se asemeja a anticipar el desenlace de una película antes de que ocurra. Construir tu narrativa es guiar a tus interlocutores hacia ese final de manera cautivadora.

Preparándome para mi *storytelling*

¿Cuándo es el mejor momento para contar mi historia? Recientemente leí un artículo en LinkedIn titulado «¿Qué debo responder cuando me preguntan "cuéntame algo de ti" en una entrevista?». Este es el momento perfecto para poner en práctica mi *storytelling*. Esta pregunta es muy común porque nos permite a los entrevistadores evaluar las habilidades de comunicación de la persona. No buscamos que sea un momento para alimentar el ego, sino una oportunidad para destacar en pocos minutos lo que te diferencia de otros aspirantes. Por eso, aquí te presento algunas estrategias de *storytelling* que deberás poner en práctica.

Adaptar tu historial al receptor y al ambiente es crucial para la narrativa efectiva. Es importante ubicar el contexto: estás hablando con un reclutador y el tiempo es limitado. Debes ofrecer una respuesta breve pero impactante, prestando atención tanto a tu voz como a tu lenguaje corporal. Recuerda que tu comunicación debe estar alineada con tu interlocutor y ser relevante para tu actividad profesional. Permíteme profundizar más en este tema del poder del *storytelling* y también recalcar que es una habilidad que se adquiere con la práctica. Tómate el tiempo de practicarlo todos los días, sobre todo ahora que conoces su importancia.

¿Cómo me preparo para mi entrevista laboral con parámetros de la IA?

Lo primero es la investigación sobre las posiciones a las que te vas a postular directamente. Busca toda la información de la empresa primero, conoce todo lo que puedas de esta organización, investiga la posición, los requisitos de la vacante y te daré otro dato importante: tiene que haber un match entre tu experiencia laboral y por lo menos 5 requisitos de la vacante que estás postulando. Recuerda utilizar los parámetros de la IA, puedes escribir un buen *prompt* (instrucción) como este:

> *Actúa como un especialista en veterinaria y brinda las especificaciones de las posiciones que estás observando en la vacante.*

Tu currículum debe estar relacionado con estos requisitos. Y ahora, si prepárate para la entrevista (recuerda no mentir, solo relacionar si tú cuentas con dicha experiencia).

Con todo lo anterior, ya estás preparado para presentarte a la entrevista. Te comparto algunas estrategias:

1. Busca tu agenda y preséntate a tiempo. Si es una entrevista *online*, prepárate con al menos 10 minutos de antelación frente al computador.

2. Asegúrate de tener una iluminación adecuada y sin distracciones visibles. Personalmente, presto mucha atención a la presentación de los aspirantes para asegurarme de que encajen con el puesto que estamos buscando. Ten cerca tu currículum y, finalmente, recuerda todo lo que hemos hablado sobre el *Star System*. Imagínate como esas personas que se enfrentan a un *casting* entre miles, donde su trabajo se define en los próximos treinta minutos de entrevista.

3. Habla sobre tus logros y metas en cada empleo. Menciona tus habilidades relevantes para el puesto solicitado. Por ejemplo, si el reclutador te pide hablar sobre liderazgo, relata una anécdota de tu experiencia laboral que demuestre por qué fuiste reconocido como un líder empático. Durante el desarrollo de una campaña bajo presión de tiempo, identifiqué a los colaboradores con las habilidades más adecuadas para cada tarea y los invité a participar. Esta estrategia incentivó a varios colaboradores a desarrollar sus habilidades. Me aseguré de conversar con cada miembro del equipo para conocer sus inquietudes y el proyecto se completó de manera eficiente. Participé activamente en cada etapa, destacando las contribuciones de los colaboradores.

Es crucial que el papel del líder en la conversación refleje tu experiencia laboral de manera clara. Pon en práctica tu *storytelling*.

Durante cada etapa de la entrevista, mantén una conversación fluida que se centre en las preguntas relacionadas con el puesto y tu experiencia. Durante la parte técnica, demuestra un conocimiento total de las habilidades técnicas requeridas para el puesto. Algunas veces me preguntan si es válido hacer preguntas. Considero normal hacer preguntas que permitan al aspirante conocer más sobre la posición, como la duración del proceso o los alcances del puesto. Aunque la mayoría de las veces los reclutadores informan sobre estos aspectos. Cuanta más relación haya entre tu experiencia profesional y la vacante ofrecida, mayor será la probabilidad de coincidir.

Destaca tus logros profesionales y cómo contribuyeron al éxito de la empresa. Una persona que puede exponer sus talentos y experiencia de manera efectiva tiene el éxito asegurado, ya sea para la posición actual o para oportunidades en el mercado laboral oculto. Si eres consciente de tus habilidades y puedes comunicarlas claramente durante una conversación laboral, será difícil olvidarte para alguien que busca talento. Prepárate para esta conversación tanto mental como emocionalmente. Quien recibe la información tiene la capacidad de percibir cualquier nerviosismo o inseguridad. Recientemente escribí un artículo compartiendo estrategias para aquellos que suelen sentirse inseguros durante una entrevista. Estos consejos pueden ser útiles para cualquier persona, independientemente de su nivel de confianza.

1. Proceso de investigación

Todos los aspirantes de un proceso de reclutamiento, independientemente de su nivel profesional, necesitan investigar sobre la empresa a la que están postulándose. «La información da poder». ¿Habías escuchado esta frase? Informarte te permitirá sentirte más seguro durante tu entrevista. Mis recomendaciones son que conozcas la misión y la visión de la organización, y el código de vestimenta. Si el sitio *web* de la organización comparte información sobre sus procesos de reclutamiento, también es un factor interesante. Todo lo que puedas saber y conocer de la organización te hará sentirte mejor en el proceso. El reclutador seguramente te preguntará: «¿qué sabes de nosotros?», o «¿por qué estás interesado en esta vacante?». Así que prepárate para este tipo de preguntas.

2. Prepara tu *curriculum vitae* y tu enlace de LinkedIn

El currículum es tu primera carta de presentación y hoy en día los reclutadores comenzarán a pedirte tu enlace de LinkedIn. Así que prepara el contenido más que la presentación, y ten en cuenta que tu entrevistador te hará preguntas sobre tu trayectoria laboral, tus principales retos y metas laborales. Así que busca una relación entre tu trayectoria laboral y tus metas.

3. Agenda de trabajo

Si estás en búsqueda laboral activa, es importante tener una agenda de trabajo que te permita organizar tus entrevistas laborales. Seguramente tendrás semanas en las que tengas varias entrevistas, y la agenda te permitirá organizar tus días y estar preparado con antelación para tus entrevistas. Todo lo que puedas prever y estar con 10 minutos de antelación en tus entrevistas te permitirá sentirte más relajado.

4. Respira y relájate

Utiliza los diez minutos previos a tu entrevista para realizar una actividad de relajación, ya sea respiración, meditación o visualización de tu momento de entrevista. Es fundamental que establezcas una rutina antes de cada entrevista y la sigas consistentemente. La práctica constante perfecciona la habilidad; a medida que te acostumbres a estas rutinas, te sentirás más cómodo.

En uno de mis *podcasts*, tuve la oportunidad de conversar con una experta en imagen profesional, quien compartió algunos consejos para mantenerte relajado y seguro durante tu entrevista. Algunas recomendaciones incluyen prepararte con anticipación, seleccionar la ropa adecuada para el día (que te haga sentir cómodo, seguro y sea apropiada para tu actividad profesional sin distraer al entrevistador), verificar tu postura antes de ingresar a la entrevista, mantener un tono de voz que coincida con tu lenguaje corporal y mantener contacto visual con el entrevistador.

5. ¿Puedo hacer preguntas en mi entrevista laboral?

Algunos aspirantes se sienten inseguros de hacer preguntas a los reclutadores. Mi recomendación es buscar la oportunidad de resolver tus inquietudes del proceso durante tu entrevista, lo cual puede ayudar a romper el hielo con el reclutador. Si existe la oportunidad de generar preguntas, solo verifica no interrumpir al entrevistador.

Las preguntas dejan ver el interés que tienes en el proceso. Te anexo algunos ejemplos:

1. **Sobre la empresa y el equipo:**
   - ¿Qué puede decirme sobre la cultura y los valores de la empresa?
   - ¿Cómo describiría el ambiente de trabajo aquí?
   - ¿Cuál es la estructura del equipo con el que estaría trabajando? ¿Cómo es la dinámica entre los miembros del equipo?

2. **Sobre las expectativas del puesto:**
   - ¿Cuáles serían mis responsabilidades principales en este rol?
   - ¿Cuáles son los objetivos clave para esta posición en los primeros seis meses?
   - ¿Qué oportunidades de desarrollo profesional ofrece la empresa para este puesto?

3. **Sobre el proceso de trabajo y colaboración:**
   - ¿Cómo se maneja típicamente la comunicación y la colaboración entre equipos/departamentos?
   - ¿Cuál es la estructura de retroalimentación y evaluación del desempeño en la empresa?

4. **Sobre el éxito en el puesto:**
   - ¿Cuáles son los indicadores de éxito para esta posición?
   - ¿Qué tipo de habilidades o atributos personales cree que son más importantes para tener éxito en este rol?

5. **Sobre el crecimiento y la visión de la empresa:**
   - ¿Cuáles son los planes de crecimiento o expansión de la empresa a corto y largo plazo?

- ¿Cómo se involucra esta posición en la consecución de los objetivos estratégicos de la empresa?

6. **Sobre la experiencia de trabajar en la empresa:**
   - ¿Cuál ha sido su experiencia más gratificante al trabajar aquí?
   - ¿Cuáles son los mayores desafíos que enfrenta el equipo o la empresa en este momento?

Qué no hacer en una entrevista de trabajo

- No acudas a una entrevista solo para llenar tu agenda. Es importante enfocar tu energía en procesos que realmente te interesen. Durante tu búsqueda de empleo, optimiza tu tiempo y energía.

- Prepárate para recibir negativas. En el transcurso de las entrevistas, es probable que te des cuenta de que algunos procesos no son adecuados para ti. Aceptar el rechazo puede ser difícil, pero recuerda que cada experiencia forma parte de tu aprendizaje.

¿Sabías que los reclutadores pueden percibir tu nivel de interés y conocimiento sobre la vacante? Esto se refleja en las preguntas que te hacen durante la entrevista, las cuales indicarán cuánto investigaste sobre la posición y la empresa.

El mercado laboral está cada vez más exigente en la búsqueda de talento, pero también los profesionales son más selectivos. Los jóvenes no solo buscan empleo, buscan experiencias significativas desde la entrevista. Por lo tanto, es tu responsabilidad prepararte adecuadamente.

Los candidatos también contribuyen a la experiencia. Quiero mencionarte que cuando un candidato despierta interés, es por todos los aspectos que se observan, desde su currículum hasta la primera llamada telefónica y el día de la entrevista. Todo debe estar alineado para crear una impresión memorable.

Consejos para las llamadas telefónicas

El primer contacto de un reclutador puede ser por medio de una llamada telefónica, así que aquí te comparto algunas estrategias para este momento del proceso.

El filtro de la llamada telefónica representa la segunda etapa del proceso inicial de reclutamiento. Después de revisar las diversas solicitudes en los buscadores, los reclutadores realizamos una preselección de currículos que coincidan con los requisitos de la vacante. Por lo tanto, si recibes una llamada telefónica, es una excelente noticia: el reclutador necesita hacerte preguntas generales para determinar si eres un candidato adecuado para continuar en el proceso de selección. Es crucial que estés informado y atento a las siguientes recomendaciones:

1. Revisa los datos de contacto que proporcionaste.

2. Asegúrate de contestar la llamada; de lo contrario, podrías perder la oportunidad de participar en el proceso.

3. Responde con disposición durante la llamada. Algunos aspirantes parecen distraídos o poco interesados, y los reclutadores estamos atentos a todos los detalles. Las preguntas que te harán son de carácter general y versarán sobre la información ya revisada en el proceso de selección. Además, este es el momento ideal para preguntar sobre el siguiente paso del proceso de reclutamiento o la duración estimada del mismo.

Estas llamadas telefónicas a menudo son el preludio de una videollamada o una entrevista presencial. Recuerda que recibir esta llamada es una buena señal de que hay interés en tu candidatura para la vacante.

Prioriza sin piedad

La frase «prioriza sin piedad» no es mía; la escuché de Sheryl Sandberg, quien fue directora de operaciones de Facebook. Sheryl es una ejecutiva brillante y ha sido considerada una de las mujeres más influyentes del mundo. Como economista, ha escrito varios libros que detallan el papel de las mujeres en el mundo de los negocios. En uno de sus artículos, destaca la importancia para los ejecutivos de aprender a priorizar para ser más productivos y eficientes en el manejo del tiempo. A menudo, como colaboradores, no distinguimos claramente entre lo que es realmente importante y lo que no lo es. Este detalle puede llevarnos a identificar las actividades diarias que son relevantes y merecen mayor concentración, y comenzar a realizarlas durante las primeras horas del día.

Siguiendo el método de *El club de las 5 de la mañana* de Robin Sharma, un gurú y coach de grandes empresas, se nos insta a desarrollar aquellas actividades que requieren mayor concentración durante los primeros 90 minutos de la mañana. Por lo tanto, es importante dedicar estos primeros noventa minutos a actividades como la búsqueda de ofertas laborales en buscadores de empleo o directamente en las organizaciones de tu interés. En este proceso, estas actividades requieren concentración para encontrar ofertas que se alineen con tu experiencia y tu objetivo profesional.

Al inicio del día, también es crucial trabajar en tu CV, en tu historia personal (storytelling), y en definir las inversiones en capacitación o certificación para mejorar tus habilidades. Después de la pandemia, las oportunidades de certificación y capacitación han mejorado significativamente. Plataformas como LinkedIn Learning ofrecen más de 21.000 cursos impartidos por expertos en áreas de tu interés en 25 idiomas. Además, puedes acceder a diversas universidades e incluso a gobiernos que ofrecen capacitación gratuita. Mi recomendación es que investigues cuidadosamente y selecciones solo aquellas que otorguen una certificación, ya que esto te permitirá destacar como un aspirante capacitado y actualizado en un mundo tan competitivo como el actual.

Capítulo 10
El nuevo rol de los profesionales en el mundo laboral dominado por la IA

Sé que el éxito no llega de una vez, no es algo que se logra de la noche a la mañana. Es el resultado de muchos, muchos, muchos años de trabajo e intento de alcanzar metas.

Novak Djokovic

Seguramente has escuchado la frase «el talento es una inversión». Las organizaciones deberían adoptar esta idea y hacerla suya. Sin embargo, después de la pandemia, muchas empresas han limitado sus presupuestos de capacitación. En mi opinión, es fundamental que cada individuo invierta en su propio talento.

Un ejemplo destacado de inversión constante es el atleta Novak Djokovic, quien a los 36 años ha ganado 24 *Grand Slams* y es una referencia en el tenis mundial. Desde los 7 u 8 años, Djokovic afirmaba que sería el número 1 en el tenis, a pesar de las dudas de los demás. Este hecho recuerda al concepto de construir un propósito laboral desde la infancia, donde las actividades que disfrutamos de niños a menudo influyen en nuestras elecciones futuras. Por lo tanto, es crucial que los padres estén atentos a los intereses de sus hijos durante los primeros años.

Djokovic también se destaca por cuidar meticulosamente su alimentación, invirtiendo tiempo y recursos en estudiar qué alimentos son más beneficiosos para su rendimiento. Los atletas como él invierten constantemente en su cuerpo, que es su herramienta principal de trabajo. Esto incluye no solo la dieta, sino también el tiempo dedicado al entrenamiento físico y mental, así como en los equipos que los respaldan.

El tenis es un deporte individual que requiere estrategia y una importante inversión, tanto económica como personal. Si aplicáramos esta misma mentalidad de inversión en nosotros mismos, podríamos enfrentar cambios laborales con mayor seguridad. Invertir en nuestro desarrollo profesional nos prepararía para nuevas oportunidades laborales y nos permitiría incluso emprender si fuera necesario.

En resumen, al invertir en nuestro crecimiento personal y profesional, podríamos afrontar con confianza cualquier transición laboral y estar preparados para nuevas oportunidades o incluso para emprender nuestro propio camino si así lo deseamos.

Recuerda el concepto del *Star System*; es muy similar. Estos actores y actrices invierten constantemente en sí mismos, en sus publicistas y en mantener una imagen favorable. Ahora, con la accesibilidad a videos y detalles sobre sus rutinas diarias de cuidado personal, tanto físico como mental, podemos observar cómo se esfuerzan por mantenerse en la cima. Sus hábitos de ejercicio y alimentación son temas de interés constante, ya que influyen en su éxito en la taquilla y en su imagen pública.

Hoy en día, también podemos ver estas inversiones por parte de altos ejecutivos en sus perfiles de LinkedIn. Tenemos la oportunidad de conocer qué certificaciones poseen, qué actividades complementarias desarrollan además de sus responsabilidades profesionales y qué los mantiene tan actualizados en su campo. Esto nos permite identificar qué certificaciones serían más beneficiosas para enriquecer nuestro currículum y alcanzar nuestras metas profesionales.

Anteriormente, eran las organizaciones las que realizaban estas inversiones como parte de los planes de carrera para sus ejecutivos. Sin embargo, con la creciente movilidad del talento, muchas empresas han reducido estos programas de desarrollo. Ahora, te corresponde a ti crear un plan de capacitación constante y a largo plazo, lo cual cobra gran relevancia en los procesos de entrevista.

Para ilustrar este punto, ayer entrevisté a un joven de 25 años para un puesto de *Coordinador de Desarrollo*. Me impresionó que tuviera más de 5 certificaciones relacionadas con su campo de experiencia, además de contar con más de tres años de experiencia como *Coordinador de Desarrollo Organizacional* a esa edad. Se graduó a los 21 años, lo que le permitió acumular experiencia significativa temprano en su carrera. Comenzó como becario y, en solo seis meses, ascendió a ejecutivo de desarrollo organizacional. Después de un año, fue promovido a Coordinador. Luego, cuando la organización cerró esa área, logró unirse a una empresa de alto nivel como coordinador.

Le pregunté cómo había obtenido estas certificaciones, y me explicó que había invertido en sí mismo a través de su universidad. Esta iniciativa propia es una de las razones por las que me ha llamado tanto la atención y por la que ahora está entre los candidatos finales para el puesto. Es cada vez más evidente que los profesionales buscan y financian sus propias capacitaciones, se mantienen actualizados y aprovechan las herramientas digitales para mejorar sus habilidades de manera continua. Esto no solo requiere tiempo, sino también una inversión constante en sí mismos, tanto en términos de esfuerzo como de recursos financieros.

La creación de nuevas profesiones en el mundo laboral actual

Retomando el concepto del mercado laboral invisible, nos referimos a aquellas vacantes que surgen cuando las empresas tienen necesidades específicas dentro de la organización. Un ejemplo claro son las startups, que se enfocan en la innovación y la tecnología para desarrollar modelos de negocio escalables. Estas organizaciones suelen tener roles híbridos donde una persona desempeña múltiples funciones debido a restricciones de financiamiento. Asimismo, se crean nuevas posiciones en el mercado laboral para satisfacer las demandas emergentes de la industria.

Por lo tanto, parte de tu investigación debe centrarse en identificar y cubrir una necesidad dentro de la organización. Tomemos como ejemplo el *Growth Marketing*. Desde 2019, esta posición se ha vuelto fundamental en muchas empresas, con sueldos que oscilan entre 45,000 y 60,000 euros anuales. El objetivo principal del *Growth Marketing* es hacer crecer los negocios mediante la fidelización de clientes utilizando técnicas de *Growth Hacking* para experimentar con diferentes estrategias y canales de manera continua, optimizando las pruebas incrementalmente para determinar la mejor forma de invertir en *marketing*.

Un profesional de *Growth Marketing* debe tener habilidades centradas en el cliente, tomar decisiones basadas en el ciclo del consumidor, comprender el crecimiento del mercado, lanzar productos rápidamente, maximizar el retorno de inversión (ROI) y trabajar de manera integrada con equipos analíticos, entre otros conocimientos. Estas posiciones surgieron como respuesta a las demandas operativas y al acelerado avance del mundo digital. Los *Growth Marketers*, como se les conoce, han desarrollado sus habilidades en el día a día, proviniendo de diversos perfiles como marketing o informática, pero todos con un amplio dominio de herramientas digitales.

Es importante destacar que no existe una formación académica específica para esta profesión, aunque algunas universidades con enfoque digital ofrecen cursos para preparar a los interesados en estas áreas emergentes, como la IEBS Digital School y otras instituciones similares. Dedicar tiempo a investigar y actualizar tus habilidades en estos campos será crucial para tu próxima oportunidad laboral.

Considera la cantidad de nuevas profesiones que han surgido debido al aumento de las ventas digitales. El área de ventas digitales ha experimentado un crecimiento exponencial, lo cual ha generado nuevas necesidades de personal especializado. Por ejemplo, en una tienda departamental física, varios empleados se ocupan de diferentes funciones (como atención al cliente, gestión de inventario y cobros). Sin embargo, en un entorno de ventas exclusivamente digitales, se necesitará personal dedicado a gestionar el inventario y los pedidos de manera eficiente para mantener la operación fluida y actualizada.

Invierte en ti y para siempre

En un capítulo anterior, mencioné que existen capacitaciones gratuitas disponibles en diversas instituciones en todo el mundo. Puedes empezar con esto mientras planificas tu inversión en tu desarrollo profesional. Sin embargo, no te limites solo a las opciones gratuitas. También necesitas dedicar tiempo a investigar cuáles son las mejores alternativas. Dentro de tu espacio creativo, podrás comenzar a tomar estas capacitaciones sin distracciones.

Hasta ahora, te he compartido la metodología para buscar el trabajo que necesitas. Siguiendo cada uno de los pasos que mencioné y estableciendo una rutina diaria de trabajo, podrás identificar tus logros semanales. Esto implica tener una disciplina diaria de trabajo y priorizar las actividades en tu día a día. Estas prioridades no solo deben incluir la búsqueda de empleo, sino también actividades como el ejercicio diario, la lectura, hábitos alimenticios saludables o prácticas artísticas como aprender un instrumento o meditar. Todo esto contribuye a tu crecimiento personal.

Los reclutadores valoran a las personas holísticas, que adquieren hábitos o tienen trayectorias en disciplinas deportivas o artísticas. Imagina tener en una lista de aspirantes a un ex jugador de tenis profesional y a otros dos aspirantes que no practican deportes. Todo lo que el exjugador aporta en disciplina, liderazgo, manejo del estrés y competitividad a lo largo de los años es un valor agregado que marca la diferencia. Esto contrasta con aspirantes que simplemente mencionan escuchar música como pasatiempo. Hoy en día, muchas personas se han convertido en atletas incluso en etapas maduras de sus vidas, lo que demuestra que nunca es tarde para comenzar una actividad deportiva. Esto puede ser un factor relevante para discutir durante una entrevista laboral.

Ahora, hablemos sobre las habilidades que las organizaciones están buscando en un mundo dominado por la inteligencia artificial.

Un dato importante a considerar es que según investigaciones realizadas por la Universidad de Harvard, la Fundación Carnegie y el Centro de Investigación de Stanford, el 85% del éxito laboral se atribuye al desarrollo de *soft skills* (habilidades sociales y humanas), mientras que solo el 15% se debe a habilidades técnicas (*hard skills*).

Es esencial que las organizaciones no solo se centren en las habilidades técnicas, sino también en las *Power Skills*. Sin embargo, según un estudio reciente de la *American Society for Training and Development* (ASTD), las empresas estadounidenses invirtieron $171,500 millones en aprendizaje y desarrollo de empleados en 2010, y solo el 27.6% de esa inversión se destinó a la formación de *soft skills*. Si las competencias blandas son seis veces más importantes que las duras para el éxito laboral, ¿por qué casi tres cuartas partes de la inversión en formación se destinan a competencias duras? Esto se debe a que se asume que las habilidades duras son conocimientos que los colaboradores ya deben poseer, aunque sabemos que estas habilidades también se deben aprender. Por lo tanto, los profesionales del futuro deben invertir significativamente en tiempo y dinero para mantenerse actualizados y competentes en un mundo dominado por la inteligencia artificial.

Las habilidades esenciales para las organizaciones en esta era de la inteligencia artificial incluyen:

- Comunicación.
- Autoconocimiento.
- Creatividad.
- Colaboración.
- Liderazgo.
- Resiliencia.
- Empatía.
- Persuasión.
- Inteligencia emocional.

Para desarrollar tu marca personal, es fundamental invertir en habilidades blandas, en tu visibilidad (*networking*) y en el aprendizaje constante.

Los colaboradores 360° en la era de IA

Imagínate estar en un proceso de reclutamiento compitiendo con otras dos personas que poseen talentos adicionales a los técnicos. Quisiera compartirte algo que discutía con mis alumnos de licenciatura hace casi siete años. En aquel entonces, mi hijo, que tenía 8 años, era bilingüe, recibía entrenamiento profesional de tenis, tomaba clases de piano y leía una cantidad considerable de libros cada mes como parte de su rutina.

Hoy en día, ha mejorado aún más: domina tres idiomas con fluidez (inglés, portugués y español) y está aprendiendo un cuarto idioma, francés. A los 13 años, pertenece a la generación Z. Su grupo de amigos comparte situaciones similares. Mis alumnos, que en ese momento tenían alrededor de 18 años, se sorprendieron al considerar que esta era la generación con la que competirían en algunos años. En un proceso de reclutamiento, buscamos personas que posean habilidades más allá de las técnicas.

Por ejemplo, quienes practican deportes competitivos desarrollan competencias como disciplina, orden, constancia, manejo del estrés, trabajo en equipo y manejo de la frustración. Del mismo modo, quienes tienen una disciplina artística adquieren habilidades en concentración, disciplina, estética, orden, creatividad y más. Estas personas también tienen una personalidad diferente y una seguridad que destacan. Considero que ciertos roles requieren más que solo habilidades técnicas.

Los colaboradores o profesionales 360° deben invertir en los siguientes aspectos:

- Desarrollo de tu marca personal.
- Desarrollo de habilidades blandas.
- Networking o creación de redes de contactos.
- Aprendizaje continuo.

¿Es importante el título universitario para acceder a nuevos puestos de trabajo?

¿Sabías que más del 60% de los trabajadores estadounidenses no cuentan con títulos universitarios? (según el último Censo). Un reciente informe del The Burning Glass Institute y Harvard Business School se enfoca en cómo las empresas están adaptando sus prácticas de contratación para incluir a trabajadores sin titulación formal. Este aspecto es crucial para los trabajadores estadounidenses, ya que afecta su capacidad para acceder a empleos mejor remunerados y a posiciones más destacadas. El informe revela que el 37% de las empresas analizadas han realizado cambios en sus procesos de contratación. Entre estas empresas se encuentran importantes empleadores como Walmart, Apple, General Motors, Target, Tyson Foods y ExxonMobil.

El hecho de que empresas de renombre estén modificando significativamente sus criterios de contratación sugiere que no es la falta de talento lo que dificulta la contratación basada en habilidades. Más bien, parece que los gerentes pueden mostrarse renuentes a contratar a personas sin títulos universitarios debido a la falta de políticas específicas para evaluar las habilidades de estos trabajadores. Según lo explicado por este estudio, cuando se enfrentan a la elección entre un candidato con título universitario y otro sin él, muchos gerentes de contratación perciben un riesgo en la segunda opción. Este enfoque se cuestiona aún más al considerar que una gran cantidad de puestos en empresas como Amazon no requieren un título universitario.

El «Bank of America ha compartido que aproximadamente el 40% de sus contrataciones en 2023 fueron de candidatos sin títulos universitarios de cuatro años», una proporción que, según el gigante bancario, ha ido en aumento en los últimos años. Además, Lockheed Martin ha destacado su compromiso de crear 8,000 oportunidades de aprendizaje para trabajadores calificados a través de programas técnicos, desarrollo profesional en etapas intermedias, nuevos programas de contratación universitaria y pasantías. Este objetivo se alcanzó un año antes de lo previsto.

Como experta en empleabilidad, es fundamental estar al tanto de estos datos para asesorar a mis clientes durante los procesos de contratación y para ofrecer a los aspirantes información precisa que los anime a participar en los procesos de reclutamiento, destacando sus habilidades y fortalezas más allá de sus títulos universitarios.

Capítulo 11
Mi primer día de trabajo

Vale la pena volver a empezar, una y mil veces,
mientras uno esté vivo.

Gabriel García Márquez

Llegó el gran día. ¿Te imaginas lo que siente un actor del *Star System* cuando le dicen que iniciarán las grabaciones? Debe ser una sensación espectacular después de todo el trabajo realizado: prepararse para un casting, ser elegido para el papel, revisar los libretos y hacer pruebas con los actores. En el libro *Finding Me* de Viola Davis, esta actriz afroamericana que ha vendido millones de copias menciona el día que trabajó por primera vez con la ya famosa actriz Meryl Streep. Imagina estar en escena con Meryl Streep; no puedo ni imaginar la emoción, los nervios y todas las emociones que deben pasar por estos actores antes de iniciar los rodajes.

De la misma manera, el día de tu primer día de trabajo será así. Por eso, te invito a que te prepares con anticipación para este momento. Si este es tu primer día de trabajo o tu primera experiencia laboral, te aseguro que no olvidarás ningún detalle: ni la fecha de tu primer día ni a quién conociste primero. Así como los colaboradores no olvidamos los buenos detalles, tampoco olvidamos los malos. Es por eso que hoy en día las organizaciones ponen especial atención en los procesos de onboarding, que inician desde el día en que te dicen que fuiste seleccionado para colaborar en la organización y terminan después de algunos meses con los procesos de adaptación.

Pero en nuestro caso, no hablaremos de los procesos que la organización necesita hacer para desarrollar un engagement con sus colaboradores desde el día uno. Nos enfocaremos en lo que tú, como colaborador, puedes hacer para mejorar toda tu experiencia desde este primer día.

Prepárate para el gran día

Recuerda que normalmente la empresa te comunica una semana antes de tu fecha de ingreso, así que dispones de una semana para poner todo en orden. Asegúrate de tener todos tus documentos necesarios para el proceso de contratación y no olvides nada. Si tienes trámites pendientes por hacer, aprovecha esta semana para realizarlos y así evitar tener que solicitar permisos durante tus primeros meses de trabajo.

Las personas que somos mamás y papás debemos organizar la nueva dinámica de trabajo, incluyendo horarios escolares, cuidado del hogar, y demás. Una semana antes, escribe un plan detallado de quién se encargará de qué y quién puede apoyarte con el cuidado de la casa y los niños. Organiza tus rutas y horarios de salida, especialmente si el trabajo es presencial. Si es posible, visita una vez tu nuevo lugar de trabajo para identificar las mejores rutas, considerando el tráfico. ¡Y por favor, llega siempre puntual! La puntualidad es un valor que puede marcar la diferencia desde el primer día. Algunas familias encuentran útil utilizar pizarrones con horarios detallados para cada miembro de la familia, de modo que todos estén informados sobre cómo será la nueva dinámica.

Home office

En caso de que tu trabajo sea híbrido o remoto, organízate de la misma manera que lo hiciste durante tu programa de búsqueda de empleo. Asegúrate de contar con un espacio de trabajo adecuado, similar al que estableciste anteriormente en tu jornada laboral. Utiliza tu «burbuja de creatividad» como un excelente entorno para continuar tu trabajo de manera efectiva. Al tener una jornada de trabajo establecida, simplemente verifica que los horarios coincidan.

Es crucial establecer un horario de trabajo específico para ser altamente productivo en el *home office*, a pesar de que no hay un horario estricto en el trabajo remoto. Procura siempre estar preparado y puntual durante las sesiones remotas en las que participes. Además, familiarízate con diferentes aplicaciones para la gestión de proyectos, las cuales te ayudarán a ser consistente con tus entregas y prioridades. Algunas recomendaciones eficientes y gratuitas incluyen Trello, entre otras, que son ampliamente utilizadas en empresas con *home office*. Aprende a utilizar estas herramientas no solo para el trabajo, sino también para organizar tus reuniones y las de tu familia.

El trabajo remoto no es algo nuevo, pues las empresas llevan más de 11 años implementándolo. Sin embargo, la pandemia ha acelerado esta forma de trabajo y hemos estado mejorando este modelo con el tiempo. Recientemente, he notado algunas prácticas interesantes en el entorno remoto. Durante una entrevista con una persona de *Marketing*, noté que tenía un ambiente de trabajo muy organizado y acogedor, visible detrás de ella en la cámara. Esto no solo creó un ambiente cómodo para la conversación, sino que también generó confianza.

Por otro lado, es importante destacar los aspectos negativos. En algunas reuniones, escuchar a niños u otras distracciones puede restar seriedad y enfoque. Esto puede hacer dudar sobre si realmente se está prestando atención a la reunión. Es esencial evitar este tipo de distracciones para mantener la efectividad en las reuniones virtuales.

Finalmente, existen numerosos cursos disponibles para mejorar las habilidades en las entrevistas de trabajo online. Sin embargo, no es necesario invertir en ellos. Lo más importante es estar listo minutos antes de la reunión, asegurándote de que puedes unirte a la sesión con facilidad y profesionalismo.

Networking laboral

Cuando inicias un nuevo trabajo y te integras a un equipo del que no conoces a nadie, es el momento ideal para desarrollar tus habilidades de *networking*. Esto implica aprender a relacionarte con tus compañeros, ya sea de manera física o remota, mostrando siempre interés en lo que puedes aprender de los demás y promoviendo una sana convivencia con tu nuevo equipo.

En uno de nuestros podcasts, una invitada que colabora en una organización internacional compartió que gracias a sus habilidades de *networking* puede relacionarse con colegas de cualquier parte del mundo. En ocasiones, ha tenido la oportunidad de conocerlos en persona. En un mundo globalizado, la interacción es un valor fundamental que debemos fortalecer. Aunque el trabajo remoto puede llevarnos a aislarnos, depende de cada persona vincularse más y establecer conexiones significativas con su empresa.

Proceso de adaptación

Hemos escuchado de clientes que en los primeros meses se sienten perdidos en la organización. A veces, no están seguros si están en el lugar adecuado o si están realizando las actividades de manera correcta. Sería beneficioso que las empresas implementaran programas de *mentoring* para ayudar a los nuevos talentos a integrarse mejor en la organización. Si no cuentas con estos programas, no te preocupes. Los seres humanos pasamos por periodos de cambio y la transición puede durar hasta seis meses.

Después de este tiempo, es probable que te sientas más cómodo y familiarizado con los procesos y responsabilidades, además de tener una mejor comunicación con tu jefe y equipo de trabajo. Este es el momento ideal para desarrollar nuevas habilidades dentro de la organización. Recuerda mantener tu compromiso con la capacitación profesional, ya que esto se reflejará en tu experiencia y desempeño en el puesto. Aprovecha esta oportunidad para dar lo mejor de ti en tu nuevo empleo.

Programas de acompañamiento

Algunas organizaciones cuentan con programas de acompañamiento para los colaboradores nuevos. Esta es una excelente manera de cuidar al talento que recién llega a la organización. Durante los primeros días, se los acompaña de cerca, presentándoles a sus compañeros y dándoles sugerencias o recomendaciones sobre la organización (de manera online o presencial). En caso de que la empresa no cuente con este programa, intenta relacionarte con algún compañero que tenga antigüedad en la organización para que te ayude a familiarizarte de manera más rápida.

Capítulo 12
Autoempléate

¿En qué trabajarías sin necesidad de que te pagaran?

Durante uno de mis *podcasts*, tuve una conversación con una invitada sobre lo difícil que puede ser el proceso de búsqueda de empleo, como has leído en el libro. Durante nuestra charla, ella me planteó una pregunta interesante: «¿en qué trabajarías sin necesidad de que te pagaran?». Esta reflexión nos lleva a considerar la posibilidad de emplearnos desde el primer día en que dejamos de trabajar formalmente, después de terminar una relación laboral.

En mis webinars y sesiones personales con personas en búsqueda de empleo, he notado que muchos individuos sumamente talentosos combinan la búsqueda de trabajo con el desarrollo de ideas o emprendimientos. Algunos prosperan en este camino y otros incluso son contratados durante el proceso de búsqueda. Por esta razón, decidí incluir este capítulo en el libro.

Así que: ¿qué trabajo realizarías sin necesidad de ser remunerado? Si aún no tienes clara la respuesta, tómate tu tiempo y escribe algunas ideas. Utiliza alguno de los cuadros de Marca Personal donde seguramente plasmaste tus talentos. A veces, esta idea no está relacionada directamente y surge durante el tiempo de búsqueda de empleo. Te puedo contar aquí la experiencia de una de las personas a las que asesoré, cuya especialidad era la abogacía. Durante ese tiempo, comenzó a utilizar la herramienta de LinkedIn para generar nuevas conexiones y se convirtió en un experto escritor. Así que logró conformar su propia consultoría legal corporativa. Además, te cuento que tiene entre 45 y 50 años. Todas las herramientas que tienes en este libro te servirán para la incorporación de tu proyecto o idea. Desde generar tu marca personal, desarrollar visibilidad, *networking*, etc.

¿Encontrar un trabajo depende de la suerte?

Una de las preguntas que más frecuentemente me hacen las personas en búsqueda de empleo es si encontrar trabajo depende de la suerte. Como mencioné en un capítulo anterior, he visto casos en los que las personas dejan un trabajo y casi de inmediato encuentran otro. Claro está, la suerte puede desempeñar un papel en esto, pero también es crucial generar conexiones que faciliten la rápida incorporación.

No estoy hablando de aquellos que buscan trabajo mientras aún están empleados; eso es algo que recomiendo ampliamente, pues es más fácil encontrar trabajo cuando ya tienes uno. Sin embargo, sí podemos reconocer que ciertos factores se alinean para que una posición esté disponible justo en el momento en que tú estás buscando, permitiéndote incorporarte rápidamente. Estos casos son menos comunes y generalmente involucran talentos con mucha experiencia.

Creo firmemente que si las empresas aprovecharan mejor las oportunidades para encontrar talento, no dejarían escapar a personas valiosas. Este libro te proporciona todas las estrategias necesarias para hacer uso de la suerte y seguir una metodología que te permita ser contratado en el menor tiempo posible, mientras disfrutas del proceso y aprendes de él en todos los sentidos.

¿Puedo combinar mi búsqueda de empleo con la creación de una idea o negocio?

La respuesta es que no hay una respuesta definitiva. Estoy escuchando el audiolibro *Eso nunca funcionará* de Marc Randolph, la historia de cómo se creó Netflix contada por el cofundador y primer presidente de la empresa. En uno de sus capítulos, expresa que no existe una fórmula mágica para saber si lo que estás haciendo funcionará. Ni él ni los fundadores originales de Netflix tenían idea de que su concepto sería un éxito, ni entendían completamente lo que llegaría a ser Netflix en realidad. Fueron ideando, experimentando, cometiendo errores y adaptándose sobre la marcha.

Después de conversar con expertos en emprendimiento, como Ana Pérez Cristo (socia de la Academia para Emprendedoras Victoria147), a quien tuve la oportunidad de entrevistar, puedo compartir contigo que no existe una fórmula definitiva, solo la intención y el tiempo. Como mencioné antes, buscar trabajo es un trabajo en sí mismo, que requiere dedicar ocho horas diarias de lunes a viernes. Si deseas combinar esta búsqueda con tu idea de emprender, debes dedicarle el mismo tiempo y enfoque. Busca expertos que puedan asesorarte en el emprendimiento. Hay ideas que no requieren grandes inversiones y que te permitirán explorar el autoempleo sin arriesgar tus ahorros mientras buscas empleo. Con el entusiasmo necesario, las herramientas adecuadas y la disciplina, puedes integrar tu idea de autoempleo de manera efectiva.

Si estás en este punto del libro, quiero recomendarte un libro que te puede ayudar a inspirarte en el proceso de autoemplearte, *Roba como un artista*, de Austin Kleon. Cuenta con 10 recomendaciones sobre la creatividad, bastante simples, pero que pueden ayudarte a inspirarte, a utilizar estas ideas para promover tu creatividad y, como Kleon dice, para iniciar tu proyecto no tienes que esperar el momento perfecto ni tener la idea completa. ¡Solo hace falta iniciar!

Desarrollando habilidades para el autoempleo

Sin lugar a dudas, los emprendedores destacan por ciertos atributos: disciplina, autogestión, autodidactismo y conocimientos financieros. Estas habilidades pueden ser desarrolladas por cualquiera. Una de las gratificaciones del emprendimiento es la libertad para desarrollar ideas y administrar el tiempo en función de hacer crecer tu negocio. No te preocupes si sientes que estas habilidades te faltan; todas ellas se pueden adquirir con práctica. Mi recomendación es que te apoyes en expertos y tomes cursos o talleres. Hoy en día, hay una amplia variedad de opciones disponibles, muchas de ellas gratuitas, y puedes invertir en ellas cuando llegue el momento adecuado para tu emprendimiento.

Aunque este no es un libro de emprendimiento, quiero destacar que la búsqueda de empleo puede llevarte a descubrir una nueva forma de emplearte, al igual que lo han hecho muchos empresarios exitosos. La edad y la experiencia previa no son obstáculos para emprender. Muchos emprendedores nunca trabajaron para una empresa antes de establecer la suya propia. Actualmente, los emprendimientos tienen un gran impacto y los países de todo el mundo ofrecen más apoyos que nunca antes. No considero que el autoempleo sea una moda pasajera; es una respuesta a la necesidad de conocer el mercado laboral y explorar las oportunidades para prosperar con una idea propia, ya sea creando una empresa o trabajando de forma independiente para generar empleo.

Que tu próximo empleo sea tu mejor amigo

Después de leer uno de los libros más interesantes sobre el cuidado de tus finanzas, *El hombre más rico de Babilonia*, quiero compartir contigo algunos puntos que encontré fascinantes sobre el trabajo.

Imagina que tu próximo empleo sea tu mejor aliado: que te brinde libertad, que desees estar en él como con tu mejor amigo, que te proporcione éxito y felicidad, y que te ayude a alcanzar todo lo que deseas en términos materiales y profesionales. Que te conecte con personas extraordinarias, que sea una fuente constante de aprendizaje y que te permita destacar en un mundo cada vez más dominado por la inteligencia artificial. Imagina tener a tu lado a un mejor amigo así, siempre presente y contribuyendo a tu crecimiento y bienestar.

Si decides unirte a una organización o emprender por tu cuenta, y quieres compartir conmigo tu experiencia en este camino, estaré encantado de conocerla.

Espero que, así como fue en mi caso, disfrutes de leer este libro y **despegues hacia el éxito**, pero, sobre todo, que disfrutes del camino y, si puedes, comparte conmigo tu historia.

Mayra Toledo

Agradecimientos

A mi esposo Armando, cuyo talento llevó a nuestra familia a vivir en Brasil. Gracias por compartir conmigo y con nuestros hijos la gran oportunidad de conocer y conectar con otra cultura. Gracias por darme la posibilidad de ser madre por segunda vez en otro país y por cada una de las aventuras que hemos vivido gracias a tu esfuerzo. Eres un ejemplo de cómo un trabajo puede llenarte de experiencias y satisfacciones inimaginables. Esta experiencia me inspiró a escribir este libro.

A mi hijo Armando, gracias porque tus ocurrencias a tus 10 años me motivaron a buscar una manera de seguir desarrollándome profesionalmente en otro país.

A Alayssa, por ser una fuente inagotable de inspiración (*muito obrigada minha filha*)

A mi equipo de Connecta.Partners, gracias por su ayuda en el proceso de investigación, creación y selección del material para este libro.

A mis padres, gracias por su amor a la distancia.

Bibliografía

Sharma, R. (2020). *El lider que no tenía Cargo, una fábula moder sobre el liderazgo en la empresa y en la vida.* (S. T. Sánchez, Trad.) Ciudad de México, México: Penguin Random House.

Jericó, P. (2008). *La nueva gestión del Talento, construyendo un compromiso.* (J. Dominguez, Ed.) Madrid, España: Pearson Educación.

Kleon, A. (2012). *Roube como un Artista.* Brasil: Editora Rocca LTDA.

Sinek, S. (2009). *Empieza con el porque.* (Portfolio/penguin, Ed., & M. R.-C. Ginzo, Trad.) México, México: Ediciones Urano.

Macías, S. (2021). *Pequeño Cerdo Capitalista* (tercera edición 2021 ed.). Ciudad de México, México: Penguin Random House Grupo Editorial.

Cord, P. M. (2020). *Powerfull: Como Construir uma cultura coporativa de Liberdade e responsabilidade.* (Benvirá, Ed., & S. M. Dolinsky, Trad.) Sao Paulo, Sao Paulo, Brasil.

Marie Kondo, S. S. (2020). *La felicidad en el trabajo.* (R. P. Pérez, Trad.) Buenos Aires: Penguis Random House Grupo Editorial.

Randolph, M. (15 de octubre de 2019). Eso nunca funcionada, el nacimiento de Netflix y el poder de las grandes ideas. Planeta.

Clason, G. S. (s.f.). *El hombre más rico de Babilonia* (51 Ediciión ed.). (J. L. González, Trad.) España: Ediciones Obelisco.

Sharma, R. (2018). *El club de las 5 de la Mañana: Controla tus mañanas, impulsa tu vida.* (M. d. Millán, Trad.) España: Grigalbo.

Acosta, K. C. (2021). *Eoi. es*. Obtenido de blogs Katherine Carolina: https://www.eoi.es/blogs/katherinecarolinaacosta/2012/05/24/la-piramide-de-maslow/

Alles, M. (2017). *Desarrollo del talento humano (Nueva Edición): Basado En Competencias.* Ediciones Granica S.A. Obtenido de https://www.premiereactors.com/que-es-el-star-system/

mm, t. (2024). *Treintaycinco mm*. Obtenido de Treintaycinco mm: https://35mm.es/que-es-star-system-hollywoodiense/

Staff, f. (4 de agosto de 2022). *forbes Mexico*. Obtenido de Forbes Mexico: https://www.forbes.com.mx/la-gran-renuncia-un-fenomeno-mundial-te-unirias/

Adecco. (2019). *Formazion.com*. Obtenido de formazion.com: https://www.formazion.com/noticias_formacion/mas-de-la-mitad-de-las-personas-recolocadas-encuentra-empleo-gracias-a-su-red-de-contactos-org-5682.html

Notas

Despega hacia el éxito requiere de tu participación activa. Por eso, te comparto este espacio para tomar notas y dejar huella de tu camino hacia el éxito.

Despega hacia el éxito

Notas

Despega hacia el éxito

NOTAS

www.ingramcontent.com/pod-product-compliance
Lightning Source LLC
Chambersburg PA
CBHW062313220526
45479CB00004B/1154